キャリア教育に活きる!

センパイに聞く

仕事ファイル

41

子ども
の仕事

アトラクション製品メーカーの
営業担当

栄養教諭

玩具の試作開発者

助産師ユーチューバー

児童心理司

小峰書店

小峰書店 編集部 編著

㊶ 子どもの仕事

Contents

アトラクション製品メーカーの営業担当

Attraction Equipment Manufacturer Sales Staff

泉陽興業
岸田裕介さん
入社10年目 34歳

スカーニバル
ゾーン
d's Carnival
Zone

12:32

わくわくする
アトラクションで、
たくさんの人に安全に
楽しんでほしいです

遊園地などの遊園施設では、観覧車やメリーゴーラウンド、ジェットコースターなどさまざまなアトラクションが楽しめます。これらをつくって販売する会社があります。泉陽興業というアトラクション製品メーカーで営業を担当している岸田裕介さんにお話を聞きました。

Q アトラクション製品メーカーの営業担当とはどんな仕事ですか?

私はアトラクション製品をつくる会社で、観覧車やメリーゴーラウンドなどを企画・販売する仕事をしています。購入されるお客さんは遊園地や動物園などのレジャー施設を運営する会社がほとんどですが、住民のために観覧車などを購入したいという自治体も多いんです。

アトラクション製品は、大勢の人が同時に、そして何よりも安全に楽しめるよう、頑丈につくっています。お客さんの要望に合わせてほとんどオーダーメイドでつくるので、例えばメリーゴーラウンドであれば、乗る部分を馬ではなく、海の生きものにするなども可能です。

製品に定価はなく、デザインや色の塗り方を変えるだけでも価格が変わります。例えば、塗装の質を落とすと安くはできますが、すぐに塗り直す必要が出てきて、最終的に修理の手間や費用がかさんでしまいます。私たちはお客さんに喜んでいただけるよう、安全を第一に品質やデザインにもこだわった提案をしています。せっかく高額な費用をかけるならば、よりすてきで長持ちする高品質のアトラクションを、と提案するのが営業の腕の見せどころです。

また、アトラクション製品はつくって納品すれば終わりではなく、安全に使い続けるためにメンテナンスもしなければなりません。お客さんとは長いおつきあいになるので、誠実な対応をして信頼関係を築くことが大事です。するとお客さんが次に新しい製品を購入しようと思ったときに、優先して相談の声をかけてもらえます。

岸田さんのある1日

（出社の場合）

09:00	出社、メールチェック
09:30	見積もりなど資料の作成
11:00	社内打ち合わせ
12:00	ランチ
13:00	お客さんや工場と電話で打ち合わせ、資料作成など事務作業
17:45	退社

（出張の場合）

09:00	移動
11:00	遊園地運営者と打ち合わせ
12:00	ランチ
13:00	動物園運営者と打ち合わせ
15:00	県営公園運営者と打ち合わせ
18:00	勤務終了

泉陽興業が製作した、14人乗りのメリーゴーラウンド。完成までに2年以上かかることもある。

新しい観覧車ができるまで

❶ ヒアリング

どんな観覧車にしたいのか、お客さんから要望を細かく聞き取る。大きさの候補だけでも30m、40m、60mとさまざまだ。乗客を乗せるゴンドラのつくり、装飾やイルミネーションなどの全体の仕様についても聞く。

❷ 見積もり

企画開発部とデザインなどの打ち合わせをする。つくるのにかかる費用については、工場にも相談する。開発から設置にかかる費用を計算し、見積もり書にまとめて営業担当がお客さんに提案する。

❸ 製造

お客さんからデザインや仕様、見積もり金額にOKをもらったら、部品を国内・外から調達し、工場で部材を製造する。営業担当もお客さんといっしょに工場へ足を運び、進捗を確認する。

❹ 完成・現場への設置

工場での部材の製作が完了したら、現場での組み立て・設置工事を行う。運転の仕方や安全管理の仕方について、お客さんに説明する。

❺ メンテナンス

安全を守るための維持保全の計画をお客さんに提案し、事故や故障をなくすためのメンテナンス計画を立てる。万一故障や不具合があれば、工場と連携してすぐに対応する。

仕事の魅力

Q どんなところがやりがいなのですか？

自分が担当したアトラクション製品が無事に営業を開始して、お客さんが楽しそうに遊ぶ姿を見たときに、やりがいを感じます。直接、人の笑顔を見ることができるので、この仕事を選んでよかったと思います。

最近は泉陽興業のオリジナルアトラクション『ぐるり森大冒険』という迷路を、熊本県と愛知県で販売しました。オープン初日に現地へ行き、楽しそうにはしゃぐ子どもたちを見ることができました。目を輝かせて「もう一回行きたい」と親にせがんでいるのを見ると、とてもうれしいですね。

「クイズを解きながら進み、カードをゲットする迷路『ぐるり森大冒険』です。安全ですし、家族で楽しめるので人気のアトラクションです」

Q 仕事をする上で、大事にしていることは何ですか？

信頼関係です。お客さんに対しては、どのような依頼でも丁寧に対応するようにしています。「泉陽興業へ相談すれば大丈夫」という安心感をもってもらうためです。

また、アトラクション製品をつくる工場や社内の各部署の人との関係も大事です。社内でも、笑顔であいさつする、感謝の気持ちを表すなど、信頼関係を築く努力をしています。何でも相談できる関係であれば、難しい仕事やトラブル時に協力してもらうことができ、順調な仕事につながります。

Q なぜこの仕事を目指したのですか？

純粋に、お客さんの笑顔を見られる仕事がしたいと思ったからです。

この会社に入る前は、トイレ用の衛生製品のレンタルサービスをする会社で営業をしていました。営業の仕事は毎月一定数以上の売り上げを要求されるため、数字を達成するのに苦労しました。残業の多い日々が3年続いて、自分の心にゆとりがなくなるのではないかと心配になり、働き方を変える決意をしたんです。家族ができたらいっしょに過ごす時間を大切にしたいと思ったのも、転職を決めた理由です。

営業での移動中に、東京都江戸川区にある葛西臨海公園の観覧車を高速道路からよく目にしていました。営業職募集のWEBサイトに観覧車の写真があるのを見て、「この観覧車知ってる」と思ったのが泉陽興業に応募したきっかけです。葛西臨海公園の観覧車は、泉陽興業の直営施設だったんです。会社に親しみがわき、面接を受けに行きました。

「VR※の遊具も人気です。お客さんはこのゴーグルをつけて、臨場感を楽しみます」

VR遊具の座席の点検に立ち会う。「修理の計画を立てるには、現状の把握が欠かせません」

用語 ※VR ⇒ Virtual Reality の略。VRゴーグルなどを装着して、観ている映像を現実のように感じさせる技術。

Q 今までにどんな仕事をしましたか？

熊本県のあるレジャー施設で、5年以上の時間をかけて『ぐるり森大冒険』の提案をしていました。

ところが、導入に向けて動き出したかというタイミングで熊本地震が発生しました。そのため、いったん計画は流れてしまいましたが、既存のアトラクション製品のメンテナンス依頼への対応やメンテナンスの提案を誠実に行いました。すると、ふたたび新規アトラクション製品の提案の機会をいただくことができたんです。改めてプレゼンテーションを行い、『ぐるり森大冒険』の受注が決まりました。

簡単に仕事をいただけるわけではないので、契約できたときの喜びは、非常に大きいです。オープン時に子どもたちが楽しそうに遊んでいた笑顔が忘れられません。

Q 仕事をする上で、難しいと感じる部分はどこですか？

安全に対する知識を広くもつことが、難しいと感じます。人の命を預かるアトラクション製品は何よりも安全が第一なので、営業として、安全知識の習得に力を注いでいます。お客さんからの質問にはいつでも答えられるよう、大丈夫かなと不安になった点はすぐに確認するようにしています。

未熟な知識で提案した修理を行って、またすぐに壊れてしまったら大変です。現場で現物を見て勉強したり、製品の点検や工事にも立ち会ったりして、経験を積んでいます。

お客さんから修理の相談の電話があった。「困っているお客さんは、強い口調になりやすいので、逃げたくなることもあります。そういうときこそすみやかに対応すると、信頼してもらえます」

Q この仕事をするには、どんな力が必要ですか？

謙虚に学ぶ姿勢をもち続ける力が必要です。どの仕事でも同じかもしれませんが、相手を敬って聞く耳をもつことです。

私はアトラクション製品メーカーのプロとして仕事をしていますが、製品を管理するお客さんのほうが現場の状況をよくわかっている場合があります。そんなときは相手の話をよく聞いて学び、最新の情報にもとづいて最適な提案を行います。

また、この仕事には誠実さが求められます。製品の販売先はそれほど多くないこともあり、相手の信用を得ることがいちばん大事です。どれほど相手の立場に立って提案をしているかは、発言や行動に表れます。たくみな話術があっても、その場しのぎの内容では信用を失ってしまいますし、真剣に相手の状況を考えた提案ならば、どんなに口べたでも理解してもらえると思っています。

- パンフレット
- スマートフォンとパソコン
- 電卓
- 巻尺

PICKUP ITEM

営業先で、会社案内と営業実績のパンフレットを渡す。過去にどの遊園施設を手がけたかを見てもらえば、会社の実力は一目瞭然だ。スマートフォンとパソコン、電卓はつねに持ち、いつでもお客さんの相談にのる。巻尺は現場で採寸が必要なときに使う。

毎日の生活と将来

Q 休みの日には何をしていますか？

家族で出かけることが多いですね。我が家は共働きのうえ、実家が遠く、自分たちの親に息子の面倒を見てもらうことができないので、夫婦で家事や子育てを分担しています。休日に妻が家事をする間は、私が息子を連れて公園に行ったり、電車を見に行ったりします。息子は働く車が好きで、ショベルカーを見つけたらその場でじっと見ています。

取引先の遊園施設に家族といっしょに行くことも、結構ありますよ。

大阪国際空港にて。「飛行機を見て、乗り物好きの息子は夢中になっていました」

Q ふだんの生活で気をつけていることはありますか？

最近は、動きが大きくスリルのあるアトラクションよりも、家族三世代で楽しめるものが人気です。そこで、子どもの視点で物事を見てみようと、3歳の息子の興味があることに関心をもつようにしています。息子の好きなショベルカーを大きな遊具と仮定したり、低年齢向けの迷路を考えたりしています。子どもの感性や動きは、私にとって未知のもので、見ていて非常におもしろいです。息子の行動を参考にしながら、仕事に活かす工夫をしています。おかげで、さまざまな発想ができるようになりました。

家族を支えるためにも、健康面には気をつけています。仕事で多いときには1日1万歩くらい歩き、週末には子どもと公園を走りまわるので、適度な運動ができています。

「息子は、100円を入れて動く遊具が楽しくてたまらないみたいです。とくに、ショベルカーや救急車、消防車が大好きですね」

	月	火	水	木	金	土	日
05:00	睡眠	睡眠	睡眠	睡眠	睡眠		
07:00	朝食・保育園送り	朝食・保育園送り	朝食・保育園送り	朝食・保育園送り	朝食・保育園送り		
09:00	出勤	出張	出勤	出勤	出勤		
	事務処理		事務処理	事務処理	事務処理		
11:00	社内打ち合わせ		社内打ち合わせ	社内打ち合わせ	出張		
13:00	食事	食事	食事	食事	食事		
	書類作成		工場打ち合わせ	書類作成			
15:00		各現場打ち合わせ	事務処理	社内打ち合わせ	お客さま打ち合わせ		
17:00	社内打ち合わせ		社内打ち合わせ			休日	休日
19:00	食事	食事	食事	食事			
	子どもとお風呂	子どもとお風呂	子どもとお風呂	子どもとお風呂	食事		
21:00					子どもとお風呂		
23:00							
01:00							
	睡眠	睡眠	睡眠	睡眠	睡眠		
03:00							
05:00							

岸田さんのある1週間

西日本エリアの営業を担当する岸田さんは、1週間のうち2日ほど遠方への出張をこなす。家では、お子さんを保育園へ送ったりお風呂に入れたりと、いそがしい毎日だ。

Q 将来のために、今努力していることはありますか？

　営業の仕事では、全国各地に出向く機会があります。地方へ行ったとき、ついでにその地域で人気の施設に足をのばして、どのようににぎわっているか、どんなアトラクションにお客さんが並んでいるかを視察します。また、他社がどのような方向に仕事を進めているかなど、情報をつかむためのアンテナを広げるように心がけています。

　最近の遊園施設では、デジタル技術を使ったVR遊具など仮想空間での体験型アトラクションが増えています。せまい場所で安全にスリリングな体験ができるのが魅力です。これからは、これらの品質がさらに上がると思います。魅力的なアトラクションをつくることでお客さんがより楽しめるよう、最新のデジタル技術の知識を増やす努力をしています。

営業のチームで打ち合わせをする。「内容によっては、営業担当どうしの情報交換が必要です」

Q これからどんな仕事をし、どのように暮らしたいですか？

　仕事と家庭のバランスをとって家族と楽しく暮らしていきたいです。よい仕事をして出世したいと思っていますが、私が人生でいちばん大切にしたいのは家族です。

　家族が待っている家になるべく早く帰りたいという思いで、毎日効率よく仕事をするようにしています。ただ、これから息子が大きくなるにつれて教育費もかかるし、ふたり目の子どもも生まれるかもしれません。そうすると生活にさらにお金が必要なので、今まで以上にがんばって働かないといけません。愛する家族がいるからこそ、仕事のやる気も出ます。つまり自分にとっては、仕事をする力の源が家族です。家庭を大事にすることは、会社のためにもなると思います。

　いつか、息子に楽しんでもらえるアトラクション製品を提案したいし、多くの子どもたちにもっと喜んでもらいたい。そんな思いをもちながら、安全で安心な製品づくりを目指し、これからも仕事をしていきたいと思っています。

「私たちの会社が神奈川県横浜市につくった、都市型循環式ロープウェイです。冷房完備の快適な空間で、お客さんに喜ばれています」

アトラクション製品メーカーの営業担当になるには……

　文系・理系を問わず、人々を楽しませたいという気持ちがある人に向いた仕事ですが、デザイン系や工業系・建築系の学部がある大学でデザインや機械構造を学ぶと、アトラクション製品の構造を理解するのに役立ちます。また英語の知識があれば、海外の情報や最新技術の情報を集めることができ、仕事のはばが広がります。

```
高校
  ↓
大学・専門学校
  ↓
営業担当としてアトラクション製品メーカーに就職
```

※ この本では、大学に短期大学もふくめています。

子どものころ

Q 小学生・中学生のとき、どんな子どもでしたか？

兄の影響で、小学生のころはサッカーが大好きでした。地元のサッカークラブに入って、毎週末は練習と試合に時間を費やしていました。勉強が好きではなかったこともあり、いつも外で遊んでいましたね。

中学のサッカー部では練習に筋トレがあると聞いていました。練習が厳しそうだったので、練習があまりきつくないといわれていた野球部に入りました。つらい練習をしてスポーツを極めるよりも、楽しみたい気持ちが強かったですね。

当時は、親戚に自分よりも小さい子どもがたくさんいました。どの子もかわいくて、いっしょに遊ぶうちに、保育士か学校の先生になろうかと思ったことがあります。結局はちがう道に進みましたが、子どもが喜ぶ姿を見たいという根本的な部分は変わらなかったんだと思います。

岸田さんの夢ルート

小学校 ▶ プロサッカーの選手

外できょうだいとサッカーや野球、缶けりなどをして遊ぶのが大好きだった。

▼

中学校 ▶ 保育士か学校の先生

親戚の小さな子どもたちとよく遊び、子どもと関わる仕事もいいかなと思った。

▼

高校・大学 ▶ とくになし

漠然と、将来はどこかの会社の会社員になるだろうと思っていた。

家族と食事をする中学生のときの岸田さん。「食卓はにぎやかでした」

中学生のときの野球部の活動。守備も打撃も、どちらも得意だった。

体育祭のリレーで相手を追いぬく岸田さん。足も速かった。

Q 子どものころにやっておいてよかったことはありますか？

勉強は好きではありませんでしたが、もう少し力を入れておけばよかったかなと思うことがあります。

友だちと遊ぶ時間をたくさんもてたことは、よかったですね。野球やサッカー、缶けりなどの遊びに本気で挑んだのは、おもしろかったし、よい思い出です。さまざまな遊びや体験を通して深い友情を育むことができましたし、コミュニケーションの大切さを学ぶこともできました。

社会に出て、このころの友だちと会う機会は減りましたが、久しぶりに再会しても、子どものころと同じような気持ちで話せます。何でも相談できる友だちは人生での宝物のひとつです。

Q 中学のときの職場体験は、どこに行きましたか？

何年生のときだったのかは不明ですが、行き先は、先生が用意してくれたいくつかの候補のなかから飲料メーカーの工場を選びました。自分の好きなキリンレモンという飲み物をつくっている会社だったからです。もちろん、キリンレモンの試飲ができるんじゃないかという期待もありました。

工場ではライン作業を見学しました。担当の人が製造過程について丁寧に説明してくれたのを覚えています。話を聞きながら工場の人の後ろについて、工場内をまわりました。

Q 職場体験ではどんな印象をもちましたか？

印象に残っているのは、白衣を着て一生懸命にライン作業をしている人たちの後ろ姿です。

それまで自分のなかにあった仕事のイメージは、サービス業の表の部分でした。店員さんがニコニコしながら接客している、楽しそうなイメージです。ところが、こんなに大勢の人が黙々と作業に取り組んでいると知って、裏方の仕事や働くことの大変さを思い知らされた気がしました。このときにふと、自分の親もこんなふうに黙々と仕事をしているのかもと想像したことを覚えています。

Q この仕事を目指すなら、今、何をすればいいですか？

何でも興味をもってやってみることです。おもしろそうなこと、楽しそうなことを見つけて経験してください。新しいことに挑戦するのは怖いかもしれません。でも、初めから何でもうまくできる人はいませんから、やる前から「自分にはできない」と思いこまないことが大切です。

自分の不得意なことが少しでもうまくできるようになったら、うれしいですよね。小さな成功体験を重ねると自信がついて楽しくなり、人と笑顔で接する余裕が生まれます。やがて、人生そのものが豊かになるのではないでしょうか。

どんな仕事でも、大切なのは人間性です。好きな仕事で楽しく働くためにも、自分をじっくりみがいてほしいですね。

人々に夢や感動、和みを届けてくれる遊園地を、もっとよい場所にしたいです

－ 今できること －

ふだんの暮らし

遊園地や動物園、観光施設などの屋外・屋内アトラクションの情報を集めてみましょう。気になるアトラクション製品を見つけたら、保護者と相談して、実際に体験してみるのもよいでしょう。気に入ったアトラクション製品や施設の特長を観察して、どんなところに魅力があるかを考えてみてください。また、この仕事では、お客さんや社内の仲間と信頼関係を築くことも大切です。笑顔で人と接すること、あいさつを行うことを心がけて、まわりの人とのつながりを大切にしましょう。

国語
プレゼンテーションをする際に納得してもらうために、作文などで論理的に話を組み立てる練習をしましょう。

数学
アトラクション製品をつくるのにかかる費用や採算性を把握できるように、文章題を得意にしておくとよいでしょう。

社会
ニュース番組を見たり、新聞や雑誌を読んだりして、人気の観光施設の情報やVRのようなデジタル技術の情報を集める習慣を身につけましょう。

技術
アトラクションを安全に利用してもらうため、安全に関する知識を得ることも大切です。機械の基本的な仕組みを理解し、点検や事故防止の方法を学びましょう。

File No.233

栄養教諭

Nutrition Teacher

武蔵村山市立第七小学校
吉村康佑さん
教諭7年目 36歳

食の大切さを
学校で教えたくて、
栄養教諭になりました

栄養教諭は、学校で食に関して教える先生です。給食の献立をつくったり、子どもたちに食のさまざまなことについて教えたりします。東京都の栄養教諭として武蔵村山市立第七小学校で働く吉村康佑さんに、お話を聞きました。

Q 栄養教諭とは どんな仕事ですか？

　学校給食の献立を計画して、安全で安心な給食を提供したり、子どもたちに食の大切さを伝えたりする仕事です。私が働いている武蔵村山市では、市内の給食センターで給食をつくり、それぞれの学校へ運びます。私は、給食センターでは予算内でおさまるように計算しながら献立を考えます。季節の食材や地元でとれた食材を献立に取り入れることも大事です。食材をお店に注文したり、届いた食材の品質をチェックしたり、できあがった給食を味見したりもします。

　一週間の半分は第七小学校で働きます。学校では、給食主任※の先生などと協力しながら給食の時間に教室をまわり、子どもたちの給食指導※をします。食物アレルギーのある子どもの把握と対応も、重要な仕事です。

　栄養教諭でなく、栄養士の資格をもった学校栄養職員のいる学校もあります。仕事内容は似ていますが学校栄養職員は先生ではないため、一市民によるボランティアとしての授業しかできません。先生として食に関する授業ができるように、2005年に栄養教諭の資格がつくられました。私の場合は総合的な学習の時間を使って、お米についての授業、学校の学級園で育てる野菜の授業などをしています。

　武蔵村山市に栄養教諭が私ひとりしかいないので、仕事は市全体にわたります。市内の小・中学校13校の教員や給食主任の先生方に対して、子どもたちの指導を行うための研修を実施することもあります。

吉村さんのある1日（学校勤務の場合）

08:00	出勤。授業の準備をする
08:40	1時間目の授業
	（1年生　「夏野菜と仲良くなる」）
09:30	給食時に放送する献立紹介メモづくり
10:40	3時間目の授業
	（6年生　「食品添加物について」）
11:25	4時間目の授業
	（4年生　「梅ジュースづくり」）
12:15	給食時間。1年生の給食指導をする
13:15	昼休み（子どもたちと縄跳び）
13:35	5時間目の授業
	（2年生　「学級園のお世話をしよう」）
14:20	給食指導資料作成、授業の振り返り
16:00	学級園で野菜の世話をし、授業準備
18:00	退勤

ある日の給食の献立。炊き込みご飯としししゃもフライ、サラダ。

栄養教諭のネットワーク図

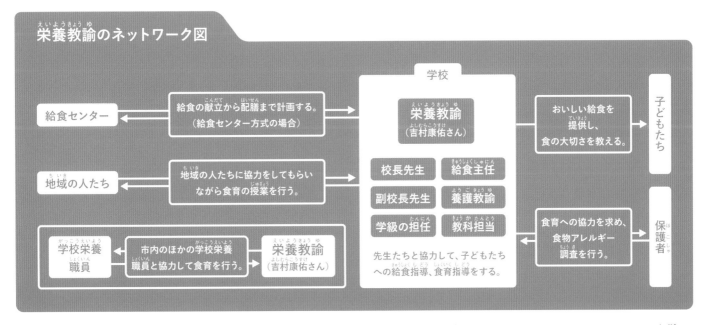

給食センター ← 給食の献立から配膳まで計画する。（給食センター方式の場合） →

学校
栄養教諭（吉村康佑さん）

おいしい給食を提供し、食の大切さを教える。 → 子どもたち

地域の人たち ← 地域の人たちに協力をしてもらいながら食育の授業を行う。 →

校長先生　給食主任
副校長先生　養護教諭
学級の担任　教科担当

食育への協力を求め、食物アレルギー調査を行う。 → 保護者

先生たちと協力して、子どもたちへの給食指導、食育指導をする。

学校栄養職員 ← 市内のほかの学校栄養職員と協力して食育を行う。 ← 栄養教諭（吉村康佑さん）

用 語　※ 給食主任 ⇒ 学校ごとにおかれる給食の責任者となる教諭。

用 語　※ 給食指導 ⇒ 給食の時間に先生が児童・生徒に行う指導。正しい手洗いや食事のマナーなどを指導する。

仕事の魅力

Q どんなところがやりがいなのですか？

下校する子どもたちと会話をすると、「今日も給食がおいしかった」「苦手な野菜が食べられた」「苦手な魚が食べられた」などと言ってもらえることがあります。また授業後のワークシートに「自分の健康について深く考えることができた」などと書いてあることもあります。このような言葉を見たり聞いたりすると、うれしくて、やりがいを感じます。

卒業生が、栄養士や栄養教諭になりたいと言ってくれることもありますよ。新作の献立を考えたり、新しい授業の内容を考えたりする作業にますます熱が入ります。

Q 仕事をする上で、大事にしていることは何ですか？

子どもたちはもちろんですが、学校の先生たちや給食センターで働く人たち、また食材の生産者との丁寧なコミュニケーションを大事にしています。

例えば、給食の食べ残しがいつもより多かった日は、学校行事や調理実習で食べる時間をとれなかったなどの事情を、給食センターに伝えるようにします。事情を知れば、つくった側もがっかりしないですみます。事情や理由を共有することで、すれちがいをなくすことができます。

Q なぜこの仕事を目指したのですか？

子どものころ、私の身のまわりで若くして病気で亡くなる人があいつぎました。そのため、人はどうして病気になるのだろう、と考えることがよくありました。

大学で栄養学を学んだ後、外国で仕事をしようと思い、韓国へ行ったのですが、家の都合ですぐに帰国することになりました。帰国後に就職活動を始めたのですが、就職先が一社も見つからず、とほうにくれました。

もともと、私はキリスト教の教会が行うイベントで子どもたちと接する機会が多くありました。子どもたちといるときの自分が好きだと感じ、子どもと関わる仕事がしたいと思っていました。そんなとき、学校栄養職員の仕事があることを知ったんです。学校で子どもたちの食を支える仕事ができれば、病気になる人を減らせるのではないかと考えました。

最初の6年間は栄養士の資格を活かして学校栄養職員として働き、その後、改めて栄養教諭の資格をとりました。

食品添加物のよい点とよくない点を考える授業で、2種類のウインナーソーセージを紹介。合成着色料を使っているものと、使っていないものを写真で比較した。

授業で、梅ジュースをつくった。「この梅は、学校の敷地内の梅の木に実ったものです」

保存料を使っていない手づくりのおにぎりを5日間放置して、においを確かめた。「食品添加物とどうつきあっていくのがよいか、考えてもらいました」

Q 今までに どんな仕事をしましたか?

　肉屋さんや魚屋さん、ラーメン屋さんなど、食に関するプロの方と「コラボ給食」を行いました。よりおいしい給食をつくるため、それらの方におすすめ料理を聞きに行くんです。みなさんの食のこだわりを反映させた新作メニューは、子どもたちに人気で、食への関心が高まったと感じました。

　これらは、栄養教諭が行うよう決められた仕事ではありません。自分でつくりだした仕事なので、不安もありますが、同時に誇らしくもあります。

Q 仕事をする上で、難しいと 感じる部分はどこですか?

　食育に力を入れている先生と、そうでもない先生がいることです。私は栄養教諭として、先生たちに給食指導や食育指導の大切さをわかってもらいたいと思っています。

　先生方にがむしゃらに食育の大切さを説くのでは、うまくいきません。なかには、おかわりのために子どもたちが我先にかけつける状況は安全上よくない、などと考える先生もいるからです。意見が合わないときには相手の考えを聞き、それをもとに改善策を提案します。ときには、意識の差をなくすために食事をともにして話すこともありました。

　今私は、栄養教諭として2校目の学校で働いていますが、子どもたちに対して、学校全体が食育のためにまとまって動いていることがわかってきました。給食主任の先生と相談しながら、学校全体で「きらいなものも一口は食べよう」などの目標を決め、一丸となって動くようにしています。

担任の先生とふたりで、協力して食育の授業を行う。先生たちの息がぴったりだ。

Q この仕事をするには、 どんな力が必要ですか?

　食べ物に興味があることです。子どもたちに食の大切さを教えるには、自分の興味が原動力になります。

　最初につとめた学校で、給食にけんちん汁を出しました。すると、副校長先生に「吉村先生は、本場といわれているけんちん汁を食べたことはある?」と聞かれました。料理の成り立ちや食材について深く知らないと、子どもたちに教えられないよ、と言われたんです。すぐにけんちん汁の発祥の地といわれている神奈川県鎌倉市の建長寺へ出かけ、味わいました。

　このときから私は、自分の食に対する興味をさらに大事にするようになりました。農家を訪問したり、製造工程を見学したりして、その体験を授業に組みこむ工夫をしています。

　今働いている小学校の校長先生は、味噌を仕込んだり、たくわんを漬けたりするほど食を大切にされる方で、食育への熱意を深く共有させてもらえています。すばらしい環境で仕事をしていると感じます。

・ 電卓 ・
・ 軍手 ・
・ スマートフォン ・
・ 手帳 ・

PICKUP ITEM

電卓は献立に必要な食材の予算や栄養価を計算するときに使う。軍手は学校の学級園で農作業をするときに使うもの。スマートフォンは学校と給食センター、市の栄養士の団体や農家の方々との連絡に欠かせない。手帳には、「やるべきこと」を毎日細かく書いておく。

毎日の生活と将来

Q 休みの日には何をしていますか？

栄養教諭として、自分自身が食に関するさまざまな体験をし、それを子どもたちに伝えていきたいと考えています。そのため休日には、めずらしい料理や食材を求めて出かけたり、身近な料理や食材の発祥の地を訪ねたりします。農家の方を訪ねて、田植えや稲刈りのお手伝いをしたこともあります。

新しいことにチャレンジしようと、長い散歩をしたりもします。あるときには5時間、「このモノレール沿いに歩いたらどこへ着くんだろう？」という疑問のままに歩きました。

「千葉の海で釣った魚です。小学4年生のときから、自分で釣った魚を自分でさばいています」

農家で稲刈りのお手伝い。同じ田で、春には田植えをした。左端が吉村さん。「農家の方との交流を、授業にも活かしています」

Q ふだんの生活で気をつけていることはありますか？

寝て、食べて、運動する。毎日、この3つのバランスをとることに気をつけています。まずは1日最低6時間は寝ること。そして1日3食を食べることが大事です。3食のうちなるべく1食は、栄養バランスのとれた食事をしています。

栄養バランスを考えて、毎週、栄養たっぷりの豚汁をつくって食べています。必ず食物繊維が豊富なごぼうとこんにゃくを入れます。添えものとして、発酵食品のヨーグルトやキムチを食べます。発酵食品を食べると、腸内細菌が活発になり、栄養を吸収する働きがぐっとよくなります。すると、免疫力がアップして、病気になりにくい体になります。

ほどよい運動も心がけています。自宅から給食センターまでは、自転車で通っています。片道30分で登りの多い道のりなので、よい運動になりますよ。

	月	火	水	木	金	土	日
05:00							
07:00							
09:00	給食センター作業	給食センター作業	学校に出勤・事務	学校に出勤・事務	給食センター作業		
11:00							
13:00	食事	食事	授業・指導	授業・指導			
					学校に出勤		
15:00	給食センター作業	給食センター作業	学級園作業	授業の反省会	授業・指導		
17:00						休日	休日
19:00			翌日の準備・退勤	翌日の準備・退勤	翌日の準備・退勤		
21:00	食事	食事	食事	食事	食事		
23:00							
01:00							
03:00	睡眠	睡眠	睡眠	睡眠	睡眠		
05:00							

吉村さんのある1週間

給食センターで作業する日と、学校で指導を行う日がある。午前と午後に分けて働く日もある。吉村さんは、それぞれの場所の働く人たちと相談してスケジュールを決めている。

Q 将来のために、今努力していることはありますか？

給食に出すことができるおいしい料理を知りたいので、料理の勉強をしています。料理の研修会に参加したり、おいしい食べ物を食べに行き、味わったりしています。

また、子どもたちが苦手な食べ物について調査し、それらが食べやすくなる料理や調理方法を勉強することで、よりおいしく食べられる給食をつくろうと心がけています。

新しいこと、とくに自分がやったことがないことや行ったことがない場所へ行くことも大事にしています。十人十色の子どもたちの考えや思いに対応できるようになるには、いろいろな経験をしている方がよいと考えているからです。この先100年も子どもたちといっしょにいられるわけではないので、一日、一日がとても貴重だと思っています。

Q これからどんな仕事をし、どのように暮らしたいですか？

私は、子どもたちの食生活の乱れがとても気になっています。健康に生きるためにどの食品を選ぶべきか、いつ、どんな食べ方をすればよいのかということを、なるべく若いうちに知る必要があると思っています。食生活のせいで病気になる人を、ひとりでも減らしたいのです。

例えば10年後、私は栄養教諭の仕事にみがきをかけているかもしれませんし、もしかするとほかの仕事に就いているかもしれません。しかし、どのようなかたちであっても食の大切さを伝え続けていきたいです。生きていく限り、絶対に「食べる」ということは人生から切りはなせないからです。

私としては、もっともよいタイミングでこの仕事の重要性に気づき、よいめぐりあわせでよい仕事ができている実感があります。今できることに忠実に取り組んだ先に、次にやるべき仕事が見えてくると思っています。

給食の時間、各学級をまわって給食指導をする。「その日の食材にどんな栄養があるかを伝えています」

吉村さんが丹精こめて世話をした学級園の野菜はおいしくて、子どもたちに人気だ。

栄養教諭になるには……

栄養教諭になるためには、「栄養教諭」という教員免許が必要です。栄養教諭養成課程のある大学に進んで、栄養や食育に関する知識と、教師として授業を行う技術を学びます。卒業すれば、栄養教諭の教員免許を取得することができます。

教員免許を取得後、都道府県が公募する採用試験に合格すれば、栄養教諭になることができます。

高校
↓
大学
↓
大学院
↓
教員免許を取得後、都道府県の採用試験に合格

子どものころ

Q 小学生・中学生のとき、どんな子どもでしたか？

生きものが好きな子どもでした。カブトエビがとくに好きで、家のまわりのいろいろな場所でつかまえていました。魚釣りも大好きでした。下校のチャイムが鳴ったとたんに家へ帰り、ランドセルを放り出して釣りに出かけていました。

鉄棒も大好きで、いろいろな技を身につけました。屋外で遊ぶのが好きでしたが、小学校のころは体が弱かったんです。体力的に、長い時間走りまわることができず、いつまでも走りまわっている友だちがうらやましかったです。

中学校では卓球部に入っていました。けれど本当は、『スラムダンク』というバスケットボールのマンガが大好きで、卓球よりもバスケットボールにあこがれていました。卓球部に入ったのは、卓球が好きというよりも、ライバルの子が卓球部だったためです。「あいつには負けたくない」という一心で練習にはげみました。かなり負けずぎらいでしたね。そのおかげで、体力もだんだんとついていきました。

小学6年生のときの修学旅行でパンをほおばる吉村さん。このころから、食べることが大好き。

バスケットボールにかける高校生たちの青春を描いたマンガ『スラムダンク』。アニメ化され、はば広い世代に人気がある。

吉村さんの夢ルート

小学校 ▶ 宇宙飛行士

宇宙に行ってみたかった。

▼

中学校 ▶ 警察官、理容師

警察官になって、悪い人を逮捕したいと思った。また、髪の毛をかっこよく整えることのできる床屋さんにもあこがれた。

▼

高校 ▶ とくになし

自分に合った仕事がわからず、悩んでいた。

▼

大学 ▶ 宣教師

教会にいた宣教師がとてもすてきな人で、キリスト教の宣教師になるのもよいと思った。

修学旅行にて。けん玉を持ってピースサインをする吉村さん。

Q 子どものころにやっておけばよかったことはありますか？

栄養素のとり方と人間の体のつくられ方について、正しく知っていたらよかったです。子どものころは、体に筋肉をつけたければ、運動後にすぐにタンパク質をとりこんだ方がよいことを知らなかったんです。当時、筋肉や体力をつけようとよく走っていましたが、運動の前後に何も食べずにいたので、筋肉を上手につけることができませんでした。

理屈を知るというのは大事です。この「知らなかった」という後悔も、大学卒業後に栄養教諭を目指した理由のひとつになりました。

Q 中学のときの職場体験は、どこに行きましたか？

中学生のころ、あこがれていた職業のひとつが床屋さんでした。中学生時代の私は、自分の髪の毛にコンプレックスをもっていました。小学生までは髪の毛がまっすぐだったのに、中学生になるとくるくるのくせっ毛になってしまったんです。

当時の私にとって、これは大問題でした。髪の毛をまっすぐにする技術を身につけたら人の役に立てるかもしれないと思い、職場体験には床屋さんを選びました。

Q 職場体験ではどんな印象をもちましたか？

職場体験で行った床屋さんは、私がふだん髪を切ってもらっている床屋さんで、落ちた髪の毛を掃くなどの仕事を体験させてもらいました。ところが、床屋さんの仕事についてせっかくくわしい説明をしてもらっていたときにトイレへ行きたくなってしまい、必死でがまんした記憶しか残っていません。今でももったいないことをしたと思っています。

今は栄養教諭として、市内の中学校の職場体験先を探す先生方へ、生徒を受け入れますよとお誘いをする立場になりました。感慨深いですね。

Q この仕事を目指すなら、今、何をすればいいですか？

自分の友だちだけではなく、いろいろな人と話をしてください。

栄養教諭には、保護者を交えて三者面談をする仕事があります。考えのちがう人や、価値観のまったくちがう人と話をします。例えば肥満傾向にある子どもの保護者に、改善するための食生活について話をしようとしても、相手の気持ちがわからないと会話になりません。言葉づかいをまちがえると、会話を拒絶されてしまうこともあります。

いろいろな人と話をすることで、いろいろな価値観を知ることができます。

子どもの食生活をよりよくすることが、日本の未来を変えていきます

－ 今できること －

ふだんの暮らし

給食の栄養バランスを考えることはもちろん、季節に合った旬の食材を使ったり、行事食や郷土料理をメニューに入れたりして、給食を食べる子どもたちに喜んでもらえるメニューを考えることも、栄養教諭の大切な仕事です。メニューを考えるには、食べ物に関する豊富な知識が必要です。給食の献立表を見て、使われている食材を本で調べたり、食料品店などで食材を見たりして、ふだんから食や栄養の情報を集めてみるとよいでしょう。

国語
学校給食に関わる人や子どもたちに食の大切さを理解してもらう仕事です。語彙力をつけ、相手の立場に立ってわかりやすい言葉で話すことを意識しましょう。

数学
食材の費用などを計算して給食の献立の計画をつくるのも栄養教諭の仕事です。予算やスケジュールを正しく管理できるよう、論理的思考を身につけましょう。

保健
食事・運動・睡眠のバランスが整った生活を続けるために、必要なことを学びましょう。

家庭
「食生活と栄養」の単元をよく学びましょう。1日に必要な栄養や食品について学び、献立を考えてみましょう。料理を自分でつくってみることもおすすめです。

玩具の試作開発者

Toy Prototype Developer

タカラトミー
田中謙伍さん
入社5年目 28歳

子どもの気持ちになって、おもしろいおもちゃを考案します

日々、さまざまなおもちゃが開発され、販売されています。これらには、安全に楽しく遊べるようたくさんの工夫がつまっています。玩具メーカーのタカラトミーで、商品になる前の試作品をつくっている田中謙伍さんに、お話を聞きました。

Q 玩具の試作開発者とは どんな仕事ですか？

タカラトミーは、おもちゃの企画、開発、製造、販売を行う玩具メーカーです。私はそのなかの「試作開発課」という部署で、企画されたおもちゃを販売できる製品にするための試作品をつくる仕事をしています。

おもちゃの開発は、「こういうおもちゃをつくろう」という企画から始まり、試作を重ねて機構（しかけ・仕組み）やデザインを決定し、工場で生産する、という流れで進みます。企画を立てる部署からの依頼を受けて、イメージ通りに動かすにはどうしたらよいか、具体的な機構を考えるのが私の仕事です。

タカラトミーではさまざまなおもちゃをつくっていますが、私は、スイッチを入れるとモーターで動く、動きのあるおもちゃを得意としています。

文字やイラストで説明された企画書から、CAD※というソフトを使って図面を作成し、工具や工作機械を使って実際に動く試作品をつくります。そしてその試作品を動かしながら、本当に楽しめるか、対象年齢の子どもが簡単にあつかえるかなど、打ち合わせを重ねます。動く試作品が完成すると、平面の図面ではわからなかった問題点や「こうした方がおもしろい」などのアイデアも出てくるようになります。

いくつかの商品を同時に担当することもあります。アニメのキャラクターなどのおもちゃの場合、テレビで放映する時期に合わせて発売できるように期限が決まっているので、発売日が近いものから進めていきます。

入社後の研修では「動くとかげのおもちゃ」を考案した。まず、タブレットにイメージ図を描く。

イメージ図から、CADを使って設計図をかく。

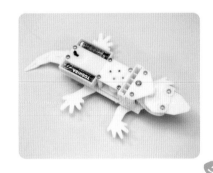

完成したとかげのおもちゃ。スイッチを入れると、手足を動かし、首を振りながら前進する。

動くおもちゃの試作開発の流れ

❶ 企画が試作開発課へ渡される

新しいおもちゃの企画が、企画部の担当者から試作開発課の担当者に渡される。

▶

❷ 図面をつくり、試作をする

試作開発課の担当者が、企画を実際にかたちにするためのしかけや仕組み、デザインを考える。設計図面をかき、試作品をつくる。

▶

❸ 企画担当者と試行をくりかえす

図面と試作品をもとに、試作開発課の担当者と企画の担当者とで、さまざまに試行をくりかえす。生産設計部の担当者も関わり、生産にかかる費用などを計算する。

▶

❹ モニター調査

子どもたちに試作品で実際に遊んでもらい、反応を見る。楽しく遊べることを確認する。

▶

❺ 設計の決定と部品の金型手配・生産開始

できあがった設計で大量生産ができるよう、生産設計部の担当者が修正する。設計が決定したら、工場とやりとりをしながら大量生産するための金型※を手配し、生産を始める。

用語 ※ CAD ⇒ 乗り物や建物、機械製品などの設計図をつくるためのソフトウェア。数値を計算しながら図をつくることが可能。

用語 ※ 金型 ⇒ 溶かしたプラスチックを流しこむための「型」のこと。大量生産のための工具。

仕事の魅力

Q どんなところがやりがいなのですか？

　つくったおもちゃに対して、子どもたちの反応があるところです。モニター調査といって、試作品を実際に子どもに遊んでもらって反応を見ることがあります。自分がつくったものに興味をもって楽しそうに遊んでくれている姿を見ると、とてもうれしいですし、やりがいを感じます。

　企画した人よりも先にそのおもちゃで遊べるのは、試作開発者の特権です。うまくいかず試行錯誤をして、やっとできた試作品が思った通りに動いたときは、感動します。

Q 仕事をする上で、大事にしていることは何ですか？

　子どもの気持ちで、おもちゃを楽しむことです。おもちゃづくりは「おもしろさ」によって評価されますが、「おもしろさ」には基準があるわけではなく、感覚的なものです。そのため、自分が子どもだったころのことを思い出しながら、また、おもちゃの対象年齢の子どもの気持ちになることを大事にしながら、試作品をつくっています。

　同時に、私たちがつくるのは大量生産する製品なので、何個つくっても不良品が出にくいこと、安全に遊べること、かかる費用なども考えます。おもしろさとバランスをとることが大切です。

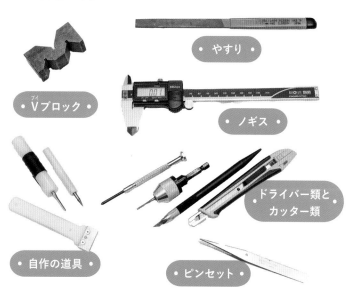

- Ｖブロック
- やすり
- ノギス
- ドライバー類とカッター類
- 自作の道具
- ピンセット

田中さんのある1日

08:45	出社。工作室の清掃
▼	
09:00	メールを確認する
09:15	前日に3Dプリンター※で出力を設定しておいた部品を洗浄する。工作機械で部品をけずり出す。
▼	
10:00	商品企画・試作のための打ち合わせ
▼	
12:00	ランチ
▼	
13:00	部品の仕上げ・組み立て・動作の検証
14:30	図面作成
▼	
17:20	3Dプリンターの出力開始
▼	
17:30	かたづけをし、退社

グラインダーという機械で道具をけずってとがらせる。「砥石を回転させて、けずったりみがいたりします」

PICKUP ITEM

試作品はプラスチックでつくることが多い。そのため、プラスチックをけずったりきざんだり穴を開けたりするためのさまざまな道具を自作している。やすりやドライバー、カッター、ピンセットのほか、工作物の寸法（はば、長さ）を測るノギスも必須。Ｖブロックは、2面の直角を確認するための道具だ。

用語　※3Dプリンター ⇒ パソコンで設計されたデータをもとに立体のものをつくりだす機械。1cm出力するのに1時間かかることもある。

Q なぜこの仕事を目指したのですか？

私は小さいころからずっとものづくりが好きで、将来は何かをつくる人になりたいと考えていました。

ひとりっ子で家に遊び相手となるきょうだいがおらず、ひとりでおもちゃで遊んでいたんです。そのうち、自分で紙を切り貼りしておもちゃを工作するようになっていました。その経験から、ものづくりを好きになったのだと思います。

ものづくりへの思いから、大学は工学部に進学し、機械工学やロボットについて学びました。また、ジャグリング※のサークルに入り、活動を通して「もので人を楽しませる」ことのおもしろさも知りました。

ものづくりができて、人を楽しませることができる仕事は何かと考えたときに、おもちゃメーカーで働くという結論にたどり着き、タカラトミーに入社しました。

Q 今までにどんな仕事をしましたか？

入社後、生産設計を行う部署に配属されました。これは、デザインやかたち、しかけが決定したおもちゃを、工場での大量生産に適した設計に修正する仕事です。おもちゃの部品の多くは、金型にプラスチックを流しこんでつくります。金型でつくりやすいように部品のかたちを変更したり、組み立てやすいように微調整したりする技術を学びました。

その後、試作開発課に異動になり、先輩のもとで1年ほど修業をしつつ、比較的小さなものを試作しました。今は、企画担当者と打ち合わせをしながら、企画担当者の頭のなかにあるおもちゃのイメージをかたちにする試作品づくりを任されています。

試作品をつくる段階から、工場で大量につくるにはどうすれば効率がいいかということを考えて、のちの修正が少なくてすむようにしています。生産設計の仕事で学んだことが活きているな、と感じています。

ねじやタイヤなど、仕入れる部品以外は、すべて金型を使って大量生産できるように設計する。

Q 仕事をする上で、難しいと感じる部分はどこですか？

試作したものがうまく動かないときは苦しいですね。そういうときは、なぜ動かないのかよく観察して原因を特定し、とにかく試作をくりかえすしかありません。

また、試作品をつくる段階で、企画担当者が「こうしてほしい」と言っていたものよりもおもしろくなりそうなアイデアを思いついたときに、伝え方が難しいと感じます。相手を否定することなく、でもよりよいものをつくるために自分の意見も伝えたい、という場合には、いくつかの試作品を用意してみて、提案するようにしています。

試作開発をしている同期入社の仲間に、試作品について相談する。「それぞれに得意分野があるので、意見交換は大事です」

Q この仕事をするには、どんな力が必要ですか？

ものの仕組みを理解して応用する力が必要だと思います。おもちゃだけでなく、家電や自動車などあらゆるものがどんな仕組みで動いているのかに興味をもつことが大切です。仕組みを自分なりに理解できていると、試作品をつくるときに、「前に見たあの仕組みが使えそう」「あのからくりを取り入れたらおもしろくなりそう」と応用ができます。

コミュニケーション能力も必要です。企画担当者から試作品を依頼されたときに、このおもちゃのポイントはどこで、何を実現させたいのかをきちんと聞き出せていないと、見当ちがいの試作品をつくってしまうことにもなります。

用語 ※ ジャグリング ⇒ 大道芸やサーカスなどで見られる、道具をたくみにあやつる芸のこと。

毎日の生活と将来

Q 休みの日には
何をしていますか？

大学生のときに始めたジャグリングを今も続けています。ふだんは近所の公民館で部屋を借りて練習して、ときどきジャグリングのイベントにも参加しています。

自宅に３Ｄプリンターを購入したので、工作もしています。関節があって手足を動かせる人形などが中心です。自分がつくりたいものを好きなようにつくれるのが楽しいですね。仕事で学んだ技術でつくってみることもありますし、趣味の工作で得た技術が、仕事に役立つこともあります。

自宅の３Ｄプリンターでつくったジャグリングの道具を使って、パフォーマンス公演に出演した。

自宅で趣味の工作に没頭するひととき。「会社でやっていることとあまり変わりないですね」

Q ふだんの生活で気をつけていることはありますか？

あらゆるものが、どういう仕組みでできているかを注意して見るようにしています。例えば電動で歩くおもちゃの場合は、スイッチを入れるとまず、モーターが回転します。そこに歯車などの部品を組み合わせることで、回転の動力を別の部品に伝達し、おもちゃを前に進ませることができるのです。身のまわりのものはこのように、モーターの回転という動力を、外から見えないところで処理して変換し、ねらった動きをさせているものが多いんです。電化製品などを見るたびに、仕組みやからくりについて考えています。

プラスチックのものを見れば、どんな金型でつくっているのかなと想像するのもくせになっていますね。

	月	火	水	木	金	土	日
05:00							
07:00	準備・食事	準備・食事	準備・食事	準備・食事	準備・食事		
	出社	出社	出社	出社	出社		
09:00							
11:00	業務	業務	業務	業務	業務		
13:00	休憩・食事	休憩・食事	休憩・食事	休憩・食事	休憩・食事		
15:00	業務	業務	業務	業務	業務		
17:00						休日	休日
19:00	帰宅	帰宅	帰宅	帰宅	帰宅		
	食事	食事	食事	食事	食事		
21:00							
23:00							
01:00							
03:00	睡眠	睡眠	睡眠	睡眠	睡眠		
05:00							

田中さんの
ある１週間

月曜日から金曜日まで出勤し、規則正しい生活を送っている。休日には趣味の工作をしたり、ジャグリングの練習をしたりする。

Q 将来のために、今努力していることはありますか？

技術力の高い試作開発者になるために、勉強を欠かさないようにしています。本を読んだり動画を見たりして学ぶほか、まだ使ったことのないおもちゃの動かし方を趣味の工作で試してみることもあります。「おもちゃをモーターで動かす」といっても、モーターの回転速度や組み合わせる歯車の種類など、やり方は何通りもあります。とにかく自分で設計して、手もとでつくり、動かしてみることが大切です。

3Dプリンターなどの工作機械も新しいものが次々に出てくるので、動画を観たり展示会に行ったりして情報を集めています。

ものが動くしくみについて、本を読んでつねに勉強し、アイデアをみがく。

「会社の師匠からゆずり受けた、大切な参考書です。右の本は、背表紙がはがれても読んでいます」

Q これからどんな仕事をし、どのように暮らしたいですか？

特定のおもちゃにくわしい専門家タイプよりも、赤ちゃん向けやかっこいいもの、かわいらしいものなど、はば広い種類のおもちゃをつくれる技術者になりたいです。

具体的に、これからつくってみたいのは複雑な機構をもつおもちゃです。例えばタカラトミーの電車のおもちゃのシリーズに、駅や車両基地があります。これをさらに、複雑な仕組みにしたいんです。ボタンひとつを押せば、たくさんの消防車や電車がいっせいに発車するようなものをイメージしています。そこまで複雑なものはまだ担当したことがないので、挑戦してみたいです。

いくつになっても、最前線の現場でものをつくり続けていられたらいいなと思います。仕事ではお客さんのため、趣味では自分のために、ずっとものづくりをする人でいたいですね。

「私がたずさわった、変身系のおもちゃです。たくさんの人が関わって完成しました」

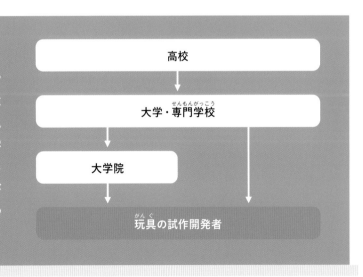

玩具の試作開発者になるには……

機械を設計・開発するために必要な機械工学、電気や磁気の性質の応用を学ぶ電気工学を学びましょう。大学や専門学校、高等専門学校、大学院などで学べます。工芸やデザインを学ぶこともおすすめです。これらを学んだ後に、玩具メーカーや玩具のデザインを行っているデザイン会社に就職する場合が多いようです。機会があれば、CADなどのパソコンソフトを使う技術も身につけましょう。

```
高校
 ↓
大学・専門学校
 ↓        ↓
大学院
 ↓        ↓
玩具の試作開発者
```

子どものころ

Q 小学生・中学生のとき、どんな子どもでしたか？

市販のおもちゃに手づくりの部品をくっつけて改造したり、ブロックで城や船をつくったりと、つくるのが好きな子どもでした。ヨーヨーやルービックキューブのように、練習をすればするほど上達するようなおもちゃでもよく遊びました。

中学生のときには卓球部に入りましたが、アニメやマンガの影響でイラストを描くことが好きになり、途中から美術部にも入りました。マンガのひとコマを模写することから、絵の練習を始めたんです。今、仕事で、言葉や文字では伝わりにくいおもちゃの仕組みをサッとイラストにして説明するとすぐに理解してもらえるので、この経験はとても役立っています。

勉強は授業をまじめに聞き、家では宿題と通信教育の教材で予習・復習をしていたので、塾には通いませんでした。好きな教科は理科でした。とくに実験は楽しかったので率先して参加していましたね。

中学時代、修学旅行に行ったときの写真。「アニメやマンガのキャラクターばかり描いていたころです」

中学生のころに大好きだった本やおもちゃ。

田中さんの夢ルート

中学校 ▶ ゲームクリエイター・CGデザイナー

ゲームクリエイターのインタビュー記事を読んで、興味をもった。

▼

高校 ▶ 機械設計者

「つくってみた」の類いの動画を見てやってみたくなった。

▼

大学・大学院 ▶ おもちゃの設計者

大学に職業紹介として、タカラトミーの人事担当者が来てくれたのがきっかけだった。

Q 子どものころにやっておいてよかったことはありますか？

おもちゃをつくるときに、自分が遊んだ経験は大きなヒントになるので、おもちゃやゲームでたくさん遊んだことはよかったです。私が小さいころ大好きだったおもちゃは、偶然にもこの会社で発売しているものでした。その最新版の企画が進んでいるときに、担当者から意見を求められたことがあり、うれしかったですね。また、子どものころに「ここが動いたらもっと遊びやすいのに」と思っていた記憶が、今つくっているおもちゃの改善につながることもあります。

そして、仕事で参考にしたいと思っても、昔のおもちゃは入手が難しく残念に思うことが多いので、よく遊んだおもちゃは捨てずにとっておくとよいと思います。

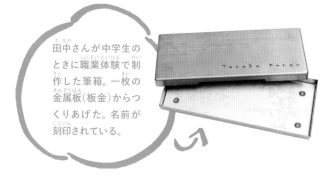

田中さんが中学生のときに職業体験で制作した筆箱。一枚の金属板（板金）からつくりあげた。名前が刻印されている。

Q 中学のときの職場体験は、どこに行きましたか？

精密板金加工部品や機械加工部品の設計と製造をしている工場に、1週間ほど行きました。

工場を見学し、板金※を加工して筆箱をつくりました。設計図をつくるところから、板金の切断や、溶かして接合する溶接まで、ひと通りの流れを体験させてもらったんです。

最後に、レーザーで自分の名前も刻印させてもらいました。5セットつくらせてもらったうち、学校に提出するものにはきちんとフルネームを刻印し、いくつかはニックネームを刻印させてもらいました。そのような遊び心も取り入れてくれたことが、とてもうれしかったのを覚えています。

その年は、その工場への職場体験を希望したのが私だけだったこともあり、手厚く教えていただきました。

Q 職場体験ではどんな印象をもちましたか？

筆箱づくりでは、製図、板金加工、溶接、とそれぞれの工程で各担当者がリレーのように加工して、ひとつのものができあがるのがおもしろかったです。1枚の図面からいくつも同じものをつくる「大量生産」を、初めて肌で感じた体験でした。

Q この仕事を目指すなら、今、何をすればいいですか？

つくってみたいものがあったら、とにかく手を動かしてつくってみましょう。カッターで厚紙を切って貼って、というところからでかまいません。本格的につくってみたくなったら、工作機械やCADに挑戦すればよいと思います。最近はそのようなものを使える公共の場所があったり、無料でダウンロードできるソフトがあったりします。使い方も動画を見て学べるので、興味があれば高度なものに挑戦できます。

この仕事には理科や数学の知識が必要ですが、勉強と同じくらい遊びも大切です。自分のなかの「おもしろい」という気持ちを育てることが、学ぶ原動力になります。

玩具試作開発の技術者として、まだやったことのないしかけにチャレンジしたい

－ 今できること －

ふだんの暮らし

厚紙、段ボール、割り箸、輪ゴムなど、家にあるものでできるさまざまな工作に挑戦しましょう。例えば動画サイトで「段ボール工作」と検索すると、多くの動画が出てきます。作品をたくさんつくって、しかけのあるものづくりの感覚を楽しみましょう。

身のまわりの物品に興味をもつことも大事です。店で売られている製品はすべて、玩具と同じように企画から試作、生産の流れを経て販売されています。さまざまな製品のつくりや仕組みを観察しましょう。

 数学　数と式、図形の単元を勉強しましょう。平面と立体の基本的な性質を理解できると、理科や技術の授業内容と組み合わせてより深い学びを得られます。

 理科　第1分野の身近な物理現象、電流とその利用、運動とエネルギーの単元をしっかり学びましょう。

 美術　デッサンや模写の授業に積極的に取り組みましょう。好きなマンガの模写も、手早くイメージする絵を描けるようになるための練習になります。

 技術　材料と加工に関する技術、エネルギー変換に関する技術、情報に関する技術など、技術の授業にはおもちゃづくりに役立つ内容がたくさんあります。

用語　※ 板金 ⇒ 金属を板状に薄く打ちのばしたもの。

助産師ユーチューバー

Midwife YouTube Creator

シオリーヌさん
活動5年目 31歳

「あのときに
知っていれば……」と
悔やむ人を、ひとりでも
減らしたいです

性について学ぶ教育を、性教育といいます。シオリーヌさんは、YouTubeの動画で子どもや若い人たちに、さまざまな性教育の情報を発信する助産師※ユーチューバーです。どんな仕事をしているのか、お話を聞きました。

用語 ※ 助産師⇒妊婦の出産を助け、新生児の保健指導を行う専門職の国家資格。日本では女性にのみ受験資格があたえられている。

Q 助産師ユーチューバーとは どんな仕事ですか?

助産師は、妊婦の健康管理や出産の介助、出産後の体調管理、母乳育児のサポートなどを行うことができる国家資格です。私はYouTubeを通し、助産師として伝えたい性教育をメインに動画を配信しています。

動画を撮るときは、まず何をテーマにするか決めることから始めます。例えば、テーマを「妊娠」に決めたら、そこからさらに、伝える内容をしぼりこみます。妊娠したい人に向けて話すのか、妊娠中の人に向けて話すのかなどを決め、その人たちが、本当にほしいと思っている情報は何なのかを考えます。助産師だからこそ伝えられる話を、わかりやすく届けられるように心がけています。

撮影が終わったら、次は撮った動画の編集をします。これは、撮った動画をより観やすいものに整える作業です。具体的には、話した内容にまちがいやわかりにくいところがないかなどを確認し、必要ならイラストや写真を加えていきます。また、私の場合は、多くの人に情報を届けたいという思いから、話した言葉をすべて文字に書き起こす作業を外部のスタッフに頼み、字幕としてのせています。

編集が終わるとようやく1本の動画の完成です。できあがった動画をYouTubeにアップロードして、配信しています。

性について正しい知識がほしいと思っている人はたくさんいます。より多くのさまざまな人たちに情報を届けられるよう、動画の配信だけでなく、学校での講演会やオンラインイベントに出演して意見を言う活動も行っています。

シオリーヌさんのある1日

09:00	始業。取材記事の確認
10:00	オンラインで性教育についての講演をする
11:00	動画の編集作業
12:00	ランチ、赤ちゃんの世話
13:00	書籍掲載のための撮影や取材に応じる
15:00	動画の編集作業、赤ちゃんの世話
18:30	動画をアップロードして公開する
19:00	終業

シオリーヌさんの性教育動画。2022年現在、17万3000人がチャンネル登録している。

シオリーヌさんの動画のチャンネル登録者数とTwitterフォロワー数の変化

YouTubeのチャンネルを開設した2019年2月から、登録者数がぐんぐん増えている。性教育に関する動画だけでなく、性教育ソングやシオリーヌさんが過去に体験してきた摂食障害※などについて発信している動画も人気だ。

Twitterのフォロワー数も増えている。告知ツイートから動画の視聴につなげるのも、工夫のひとつだ。

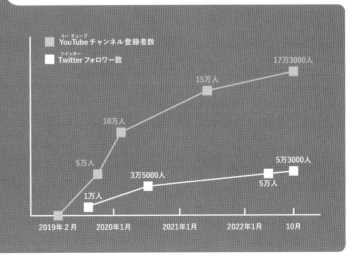

■ YouTube チャンネル登録者数
□ Twitter フォロワー数

17万3000人
15万人
10万人
5万人
5万3000人
5万人
3万5000人
1万人

2019年2月　2020年1月　2021年1月　2022年1月　10月

用語　※ 摂食障害 ⇒食行動を中心にいろいろな問題があらわれる病気。おもに神経性やせ症・神経性過食症・過食性障害などがある。

仕事の魅力

Q どんなところが やりがいなのですか?

YouTubeには、観た人が自由に感想を書きこめるコメント欄があります。そこに寄せられるコメントの数々が、やりがいになっています。

例えば「動画を観て、性の悩みを相談することは恥ずかしいことではないんだと考え方が変わり、病院に相談に行きました」というコメントがありました。その人の体が深刻な事態になる前に、私のメッセージを届けることができ、本当によかったとほっとしました。

つくった動画が、さまざまな人の役に立っていると思うと、次の動画づくりもがんばろうという気持ちになります。

視聴者からの反応をスマートフォンでチェック。「視聴者のコメントから、動画で取り上げたいテーマが見つかることがあります」

Q 仕事をする上で、大事にしていることは何ですか?

私のもとには、性に関する悩みがたくさん寄せられます。しかし、自分の体をどうあつかうか、決定権をもっているのは本人だけです。本人の意志を無視して私が決めてよいことでは決してありません。

私がするべきことは、悩んでいる人が自分で納得する選択をできるように、正しい知識や必要な情報を伝えきることです。そして、その人の意志決定に関する権利をうばわないこと。これが私のもっとも大事にしていることです。

Q なぜこの仕事を 目指したのですか?

高校生のとき、保健体育の先生がすすめてくれた本のなかに、産婦人科病棟で働く人たちの姿を描いた本がありました。その本を読んで、助産師になりたいと思いました。

希望を叶え、助産師として総合病院の産婦人科で働き始めたころ、産後のお母さんに家族計画※の指導で避妊※について話す機会がありました。話してみるとそのお母さんが、「初めて正しい避妊の方法を知った」と言うのでびっくりしました。本来なら思春期にはもっていることが望ましい知識を、母になっても得られていない人がいることにおどろいたんです。日本での性教育は、不十分だと感じました。

そこで、性について学びたいと思った子どもたちがいつでも安心して気軽に学習できるように、私自身が助産師ユーチューバーとなり発信していこうと活動を始めました。

撮った動画の編集をしているところ。できあがった動画は、毎回同じくらいの時間帯に配信するようにしている。

動画用に、メイクアップをするときもしないときもある。「今日は、バッチリメイクで!」

用語 ※家族計画⇒夫婦などのカップルが、いつごろ、どれくらいの期間をおいて、何人の子どもを出産するかを考えること。

用語 ※避妊⇒望まない妊娠を防ぐこと。

Q 今までに どんな仕事をしましたか？

助産師の資格を取って、最初は総合病院の産婦人科につとめました。産婦人科で働くうちに、子どもたちへの性教育の重要性を感じたんです。子どもたちを心の面から支える力を身につけたいと考え、子ども専用の精神科がある病院に移りました。

助産師になるには、看護師の資格も必要です。私も看護師の資格をもっているので、精神科では看護師として働きました。その病院では、入院している患者さん向けに性教育を行うプログラムを立ち上げるなどの仕事もしました。

その後YouTubeの活動を始めると、講演の依頼や本の執筆依頼などが増えたため、病院を辞めて今にいたります。

この日にアップする動画では、使ってみておすすめのベビー用だっこひもを紹介する。どうすれば商品のよさが伝わるか考える。

Q 仕事をする上で、難しいと 感じる部分はどこですか？

妊娠するための準備をしようと思ったときに、自分の体に妊娠をしにくい病気があることがわかりました。そこでパートナーと相談し、不妊治療※を行いました。治療の経過について動画でも報告しており、同じような悩みをかかえる人たちが仲間意識をもって観てくれていました。

しかし、妊娠したことがわかって報告の動画を配信すると、多くのお祝いコメントにまじって「素直に喜んであげられる気持ちになれません」という書きこみもありました。その方は、私の妊娠を知ってつらくなってしまったのだと思います。

こうした方の気持ちもしっかり受け止めながら、すべての言動に責任をもって配信しなければいけないところに、この仕事の難しさを感じています。

Q この仕事をするには、 どんな力が必要ですか？

もっとも必要なのは想像力だと思います。

世の中にはさまざまな考え方があり、置かれた立場によって、ものの見え方は変わってきます。たとえ同じことを経験したとしても、人によって感じ方はちがいます。だからこそ、できる限りの想像力を働かせ、その人の気持ちを真剣に考えた上で発信していかなければ、観る人の心にメッセージは届かないと思っています。

自分の想像が正しいと思いこまないことも大切です。個人が見ることのできる世界はどうしてもせまく、想像力にも限界があるからです。つねに自分の見方にまちがいがあるかもしれないことを忘れず、謙虚に人の意見を聞いていきたいと思っています。

自分のまちがいを想定する力、これも想像力なのかもしれないですね。

・ライト・

・スマートフォンと スタンド・

・パソコン・

PICKUP ITEM

YouTube動画は、スマートフォンとスタンドを使って撮影する。撮影するときには、専用のライトを使って、視聴者が観やすいように表情を明るく撮る工夫をする。不要な部分を削除したり、わかりやすい図を入れたり、字幕をつけたりする編集作業は、ノートタイプのパソコンで行っている。

用語　※ 不妊治療 ⇒妊娠・出産を希望しているにもかかわらず、一定期間、妊娠のきざしがないカップルに対して行われる治療。

毎日の生活と将来

Q 休みの日には何をしていますか？

いつも何かをしていないと落ち着かない性格なので、休みの日でも何かしら仕事に関わることをしています。つい最近、1日完全な休みがあったときも、結局カフェに行って動画の編集をしていました。でも、無理をしてやっているのではなく、楽しいからやっているといった感覚なんです。

そうはいっても、遊ぶときは徹底的に遊びます。私はキャンプが好きで、妊娠する前はパートナーとよく行っていました。子どもがもう少し大きくなったら、3人で行きたいです。

自宅のソファーでくつろぐ。「インターネット番組を観るのが大好きです」

2022年夏に生まれた「ちびりーぬ」ちゃん。子育ての日々のようすを、動画で発信している。

Q ふだんの生活で気をつけていることはありますか？

疲れたときは無理をせず、早めに休むことを心がけています。私は20代のころから季節の変わり目に弱く、精神的に落ちこんでしまうことがあります。体が出す限界のサインに気がつかず、無理をして気分が落ちこんでしまった経験から、体に何らかのサインを感じとったら、いったんすべてをやめて、強制的に休むようにしています。おかげで、ずいぶん気持ちのコントロールができるようになりました。

今日は休みにすると決めた日は、パートナーが「今日はだめ」とパソコンを取りあげてくれます。つい仕事をしてしまいそうになるので、ありがたいですね。

シオリーヌさんのある1週間

YouTubeの仕事のほかに、大学院入学のための勉強や、起業したばかりの産後ケアの会社の準備などで大いそがし。夜間も赤ちゃんの授乳やおむつがえのため細切れの睡眠だ。休日は仕事の状況をみて決める。

時間	月	火	水	木	金	土	日
05:00							
07:00		家事育児				家事育児	家事育児
09:00	家事育児	講演	家事育児	家事育児	家事育児		
11:00	動画編集		打ち合わせ				動画撮影
13:00	取材		会社の事業準備	執筆	会社の事業準備	講演	
15:00	打ち合わせ	勉強	動画撮影	動画編集	動画編集		
17:00							
19:00	家事育児	家事育児	家事育児	家事育児	家事育児	家事育児	家事育児
21:00							
23:00							
01:00	睡眠	睡眠	睡眠	睡眠	睡眠	睡眠	睡眠
03:00							
05:00							

Q 将来のために、今努力していることはありますか？

性のことで悩む人をサポートする活動の専門家として、助産師が活躍できる社会にしたいという願望があります。その思いを叶えるため、今度、大学院に通うことにしました。ヘルスケアの分野でイノベーション※を起こせる人材を育成する学校です。

また、産後のお母さんの負担を何とかサポートできないかという思いから、つい最近、自分で会社をつくりました。だれでも気軽に利用できるサービスを届けられるように、今、仕組みづくりを進めているところです。今後、大学院での学びも活かしていけたら、と考えています。

これまでに性教育に関する本を4冊出版した。「2022年11月にも、新刊が2冊出ました」

Q これからどんな仕事をし、どのように暮らしたいですか？

まずは新しく起こした会社が、お母さんたちの産後のケアという社会的役割を果たせるように、がんばりたいです。

同時に、性教育をきちんと行える助産師の育成にも関わっていきたいと思っています。私がつちかってきた経験をこれから助産師を目指す人に伝えることが、性について悩む若者への支援につながると思うからです。そして、助産師が性教育の専門家としての地位を確立し活躍できる制度づくりに、貢献していきたいです。

私が理想とする社会は、自分の人生を自分の納得のいく選択をしながら、自分らしく生きることのできる社会です。そのためには、さまざまな選択肢があることを、知識をもつ人が知識を必要とする人へ、きちんと伝えられる社会がよいと思っています。性教育の場において、助産師はもっと役に立てるはずです。

子どもが選択した道を尊重し、社会全体でサポートする仕組みをつくること。このことが、子どもにとっても子どもをもつ親にとっても暮らしやすい未来につながると思います。

チャンネル登録者数10万人達成の記念に、YouTubeから送られてきた盾。シオリーヌさんの動画は影響力が増している。

助産師ユーチューバーになるには……

助産師になるには助産師の国家試験に合格することが必要で、看護師資格を取得している人・取得見込みの人が受験できます。まず看護系の学校で学び、看護師資格を得てから助産師養成学校で1年以上必要な知識を学んで資格取得を目指すか、または大学で看護師と助産師に必要な知識を同時に学ぶ方法もあります。ユーチューバーになるためには、資格はとくに必要ありません。

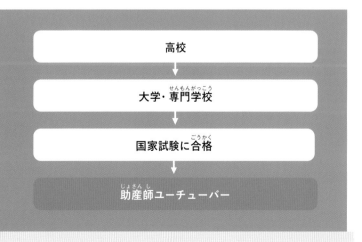

高校
↓
大学・専門学校
↓
国家試験に合格
↓
助産師ユーチューバー

用語 ※ イノベーション⇒革新的なもの・こと・仕組みなどによって、これまでの常識が一変するような新しい価値を創造すること。

子どものころ

Q 小学生・中学生のとき、どんな子どもでしたか?

小さいころから歌が好きで、小学生のときはNHK教育テレビの歌のお姉さんにあこがれていました。歌は今も大好きで、シオリーヌの性教育ソングの動画もアップしています。

中学生になると、子どもたちに何かを教える立場になりたいと思うようになり、学校の先生になることが夢になりました。年下の子と遊ぶ機会が多くて、その子たちのお世話をするのが好きだったからだと思います。そのため高校生までは、大学の教育学部に進学することを目指していました。

中学生のときは、友だちが少ないことに悩んでいました。定期テストが近づくと、私のノートを貸してほしいという人がいっぱいきて、そのときだけ人気者だったことを覚えています。人間関係をうまく結ぶことができなかったので、早く高校に進学したくて、休み時間も受験勉強をして過ごしていました。

修学旅行のバスのなかで。「当時は、『好きな人どうしでグループになっていいよ』という言葉を何よりおそれている子どもでした」

中学生のころに夢中になって読んだマンガ『天使なんかじゃない』。今でも、いつでも読めるように手もとに置いている。

RIBON MASCOT COMICS
天使なんかじゃない
矢沢あい

シオリーヌさんの夢ルート

小学校 ▶ 歌のお姉さん

テレビ番組の歌のお姉さんになりたかった。

▼

中学校 ▶ 学校の先生

子どもたちに教える立場の大人にあこがれた。

▼

高校 ▶ お笑い芸人、教師、のちに助産師

1、2年生のときは学校へほとんど行かずにお笑いのライブに通いつめ、高校生のアマチュアお笑い芸人として活動した。3年生になり進路を決めるとき、お笑い芸人の活動だけでなく、中学生のころから願っていた教師への道も親にはっきりと反対され、教師への道をあきらめた。のちに先生からすすめられた本を読んだことがきっかけで、助産師になる夢を見つけた。

▼

大学 ▶ 助産師

助産師、看護師、保健師の資格を取得した。

Q 子どものころにやっておいてよかったことはありますか?

私は目標があるとそれに向かってがんばる性格なので、やりたいことを見つけることが、前に進む原動力になっていたと感じます。中学生のときは、1年生のときから行きたい高校が決まっていたので、勉強をがんばりました。

高校生になったらほとんど勉強をせずに好きなことに没頭していたので、成績はひどいありさまでしたが、助産師になるという夢を見つけたときからふたたび勉強を始めました。そして猛烈に勉強し、夢を叶えることができました。

中学生のときにちゃんと勉強をし、基礎学力を身につけていたことは、よかったと思います。

Q 中学のときの職場体験は、どこに行きましたか？

中学生時代に職場体験をしたり、将来の仕事について考えたりする授業を受けた記憶が、ありません。

高校生のとき、卒業生が来て話をしてくれる授業がありました。会社を経営している人、政治家、医療従事者、教育関係者など、さまざまな職業の人がいました。

Q 卒業生の話にはどんな印象をもちましたか？

卒業生たちはいろいろな仕事に就いているんだなと思いました。正直なところ、当時の私は学校にあまり行かず、授業態度もよくない生徒だったので、あまり記憶がないんです。

本当の意味で私の職業選択に影響をあたえてくれたのは、保健体育の先生が貸してくれた、産婦人科病棟で働く人たちの姿を描いた本との出合いです。そして、助産師になりたいという夢をもった私を応援し、背中を押してくれた、高校3年生のときの担任の先生です。

その先生は、英語科の小柄な女性の先生でした。助産師になりたいと伝えると「あなたに絶対、向いてると思う！」と、諸手をあげて賛成してくれたんです。うれしくて、一気にやる気になりました。

Q この仕事を目指すなら、今、何をすればいいですか？

勉強はがんばっておいた方がよいですね。助産師は人の命に関わる仕事なので、資格を取るには専門的な勉強をたくさんしなければなりません。中学時代の勉強はすべての学問の基礎となるものなので、やらないでいると、資格を取るときに苦労します。

勉強の仕方を身につけておくのも大切です。わからないことをわかるようにする方法を、学校で学んでおくとよいと思います。また、多くの情報のなかから正しい情報を見つけ出す力と、得た情報の活用方法を考える力が、ユーチューバーとして情報発信するためにも必要です。

性教育を通して、子どもたちが自分で納得する選択ができるように応援したい

－ 今できること －

ふだんの暮らし

本や動画にふれて自分の体や性に関する知識をもち、すべての人が生まれながらにもつ権利や尊厳を尊重することについて学びましょう。助産師として目の前の人を尊重するケアをするには、自分自身を尊重する・されるという感覚を身につけることも役立ちます。自分で自分を尊重するためには、嫌なこと・不快なことにNOと言うことが大事です。ジェンダーやセクシュアリティなど人間の性のあり方を学び、考えることも、さまざまな背景をもつ人と接する仕事に就くための準備になります。

国語 助産師はさまざまな人の人生に寄りそう仕事です。物語や小説を読み、立場の異なる登場人物の気持ちや生き方を知りましょう。

理科 脊椎動物、とくに哺乳類の体のつくりや出産のようすを調べてみましょう。命や性について考えるきっかけになります。

保健 思春期に生殖に関わる機能が成熟することについて、しっかり勉強しましょう。出産や人間の赤ちゃんの特徴についても、知識があるとなおよいでしょう。

英語 助産師は外国語を話す人たちのお世話をすることもあります。英語力を身につけましょう。

児童心理司

Child Psychologist

横浜市中央児童相談所
小泉百恵さん
入庁3年目 26歳

つらい思いを
かかえている子どもの、
心の叫びに目を向けます

児童相談所は、18歳未満の子どもに関するさまざまな相談を受けて、子どもや家庭に必要な手助けをするための公的な場所です。横浜市中央児童相談所で児童心理司として働いている小泉百恵さんに、お話を聞きました。

Q 児童心理司とは どんな仕事ですか？

　児童心理司とは、心理学※の知識を活用して子どもや保護者の支援をする仕事です。働く場所は、おもに各都道府県に設けられた児童相談所です。

　児童相談所とは、18歳未満の子どもやその保護者がかかえる問題の相談に応じ、もっとも必要な支援をする行政機関です。例えば、虐待を受けている可能性がある子どもがいた場合、家庭訪問や立ち入り調査をしたり、一時保護所で保護したりします。必要があれば子どもが児童養護施設に入る手続きを行います。児童心理司は、児童福祉司、保育士、保健師など児童相談所で働くさまざまな専門家と協力し、子どもの権利※を守るために働きます。

　児童心理司は、面接や観察、知能検査、発達検査、性格検査などを行って子どもや保護者の置かれている状況を理解します。そして、面接や検査によって判明した子どもの得意なことや不得意なこと、今の気持ちなどをもとに、児童相談所内で決めた支援方針に沿って子どもや家庭に助言や指導を行います。児童相談所は虐待などの命に関わる問題だけでなく、子どもの非行や子育ての悩みの相談を受けつける役割も担い、児童心理司も関わります。

　また児童相談所では療育手帳の区分判定をします。療育手帳とは、知的障害のある人が医療費の補助などの公的支援を受けるために必要となる手帳です。児童心理司は必要な子どもに面接と知能検査を行い、障害の有無や程度を確認して保護者に伝え、手帳発行業務の中心を担います。

小泉さんのある1日

08:30	出勤。予定確認後、朝の打ち合わせ
09:00	療育手帳判定のための検査を行い、保護者に結果を伝える
11:00	検査結果の書類を作成
12:00	ランチ
13:00	児童福祉司との打ち合わせ
15:00	一時保護所から自宅に帰った子どもとの面接
16:00	面接の記録を作成
17:15	事務作業後、退勤

知能検査を行う上で、重要な手引きとなる書籍。

児童相談所でともに働く専門家

● 児童福祉司

子ども、保護者などからの子どもの福祉に関する相談に応じる。必要な調査を行い、子どもや保護者、関係者に必要な支援・指導を行う。

● 医師

虐待された可能性のある子どもに対して、診察や医学的な検査をし、診断と治療を行う。また、児童相談所で働く職員に必要な助言をする。

● 保健師・看護師

保健師は、子どもと家族に、健康を守るための生活習慣について指導する。看護師は保健師とともに、一時保護をしている子どもの健康管理を行う。

● 保育士・児童指導員

一時保護をしている子どもの生活面や学習面を指導し、補助をする。

● 弁護士

職員に対して司法の視点からの助言を行う。また、アドボカシーといって、子どもの意見を子どもの意思に忠実に代弁することで、意思表明の支援をする。

用語　※ 心理学 ⇒ 人の心について理解を深めるためにさまざまな角度から研究する学問。

用語　※ 子どもの権利 ⇒ 子どもの心身の安全を守る「児童福祉法」の基本理念。「子どもの権利条約」という国際法を模範とする。

仕事の魅力

Q どんなところがやりがいなのですか？

検査でわかった子どもの特徴や思いを、支援につなげることができたときです。例えばお母さんから買いものを頼まれてもうまくできない子は、「どうして自分はこんなこともできないのだろう」と落ちこんでしまいがちです。でも、検査をして、言われたことを覚えておくのが苦手だとわかったとしたら、お母さんに買うもののメモを書いてもらうなど、その子に合った対策を立てることができます。

成果がすぐ目に見えるわけではありませんが、仕事の結果、家庭が少しでもよい方向に向いたときはやりがいを感じます。

子どもが遊んだおもちゃをかたづける小泉さん。安心して遊べるように、玩具はよく手入れされている。

Q 仕事をする上で、大事にしていることは何ですか？

接する子どものなかには、私が想像もできないような緊張を強いられながら生活している子どもがいます。そのような子が、少しでも肩の力をぬいてほっとできる時間を提供することを大事にしています。

つらい経験をした子ほど、人を信頼するのがこわくなってしまうと思います。だから、この人といてもこわい思いをしないな、自分の気持ちを話してみてもいいな、と思ってもらえるような存在でありたいです。そのために自分の考えを押しつけず、子どもの感じていることや、子どもがもともともっている世界観を大事にしています。

Q なぜこの仕事を目指したのですか？

大学院の実習で、児童虐待の問題に取り組む先生に、地方の児童相談所へ連れて行ってもらったことがきっかけです。そこで、ひとりの子どもに対して、役割の異なるいろいろな大人たちが関わっているのを見て、私もこんな仕事がしたいと感じました。

私がそのときに研究していたのが「コミュニティ心理学」という学問だったんです。この学問は、人間の心理的な問題を解決するには、個人だけでなく、その人を取り巻く家族や友人、地域社会全体といった環境を理解し、個人と環境の両方に働きかけていく必要があるという考え方にもとづいています。

児童相談所を見て、児童福祉の現場はまさにこの考え方が当てはまると感じ、児童心理司を目指すようになりました。

検査の採点をしているところ。結果をふまえ、療育手帳での障害程度を判定する。

上司と、打ち合わせ時間を確認する小泉さん。個人情報などの情報共有は、守秘義務のために執務室内で行う。

Q 今までに どんな仕事をしましたか？

児童心理司として、初めてひとりで療育手帳判定に必要な検査をしたときのことをよく覚えています。担当した子どもが「検査はやりたくない」と言って床に寝転がってしまい、私はどうすればいいかわからなくなってしまいました。しばらくすると起き上がって、検査を受けてくれましたが、わざとあまのじゃくな回答をしているのかな、と感じてしまうそぶりも見られました。

今でもその子の顔が頭に浮かぶほど、印象的なできごとでした。初めてあたえられた試練のように感じたんです。この経験で、子どものペースに合わせつつも、振りまわされすぎない、そのバランスを保つ大変さを学びました。

検査を受けた子どもの母親に、検査結果について説明する。

Q この仕事をするには、 どんな力が必要ですか？

「言葉にならない心の叫び」に目を向ける観察力と想像力です。自分が何を感じているかがよくわからなかったり、だれにも話を聞いてもらえない経験が積み重なったりすることで、思いを言葉にするのが苦手になる子どもがいます。だから、「困っていることは何もないよ」と言う子がいた場合、言葉通りに受け取るのは危険です。

そんな言葉が出たときは、相手をよく観察して、ある話題になったときだけ目を伏せがちになる、急に拒絶するような態度をとるなど、行動に目を向けることが必要です。その行動の裏には、その子の言葉にならない叫びや痛みが隠されていることがあるからです。だから、いろいろな方向に目を向けて、言葉や行動の裏にあるものを自分の頭で考えられる人は、児童心理司の仕事に向いていると思います。

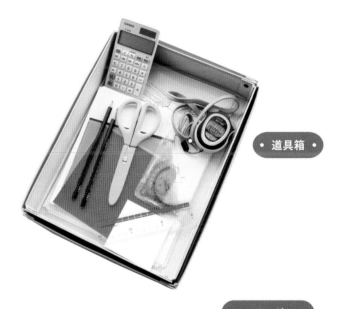

・ 道具箱 ・

・ バインダー ・

Q 仕事をする上で、難しいと 感じる部分はどこですか？

心は目に見えないものなので、子どもが考えていることが完全にはわからないことです。だれかとコミュニケーションをとるには私自身の思考や表現を通すしかありませんが、私自身の思考や表現には限界があります。なかには私には想像もできない環境で育った子どももいて、その子の心のなかにあるものは私の思考や想像の範囲を超えているかもしれません。そのため、相手の気持ちに寄りそうことは簡単ではなく、どう接したらよいのか悩むことも多いんです。

そんなときは、児童相談所の先輩たちに意見をもらいながら、できるかぎり想像力を働かせるようにしています。

PICKUP ITEM

道具箱には、担当する子どもの面接や知能検査に使うものが入っている。正確に検査を行うための道具、面接時に工作などしながら話す場合の道具として、ストップウォッチや電卓、色つき折り紙、はさみなどをセットにして持ち歩く。子どもが話したことや子どもに関して気づいたことをその場で書きとめるため、バインダーも便利だ。

毎日の生活と将来

Q 休みの日には何をしていますか？

自分の気持ちが安定していないと仕事に影響が出るかもしれません。だから、週末はたくさん寝て、おいしいものを食べて、お出かけをします。写真を撮ることが趣味なので、出かけた先で写真を撮って、友人どうしで見ることのできるSNSに投稿することもあります。

学生時代には、「おいしいうどんが食べたい！」と急に思い立って、次の日に香川県にひとりで行き、1日3食うどんを食べたこともありました。都会では味わえない自然や現地で食べたものを写真に撮って、後で見返すのが好きです。

趣味で撮る写真はフィルム仕様のカメラを使う。「水族館のクラゲを撮りました。デジタルカメラのようにその場で確認できないので、どう撮れているか、写真の焼き上がりまで楽しみにしていました」

「小旅行に出かけて、その場所の魅力を感じるのが好きです」と、小泉さん。

Q ふだんの生活で気をつけていることはありますか？

自分の気持ちの変化にいち早く気づき、疲れているときは早めに休息することです。仕事中はつらい話を聞くこともあるので、いつの間にか体がこわばっていたり、面接が終わった後にどっと疲れを感じたりすることがよくあります。子どもに何をしてあげられるかわからなくなって、自分は無力だと感じることもあります。

だからこそ、自分で自分を大事にしてあげるのも大切なことだと思っています。私の気持ちが安定していないと、子どもを不安な気持ちにさせ、力になれなくなるかもしれません。だから、私生活では自分が元気になることをして、あまり身のまわりのルールを決めすぎず、自由気ままに過ごしています。実家で暮らしているので、親のつくってくれるおいしいご飯が元気の源です。

時刻	月	火	水	木	金	土	日
07:00	準備・食事	準備・食事	準備・食事	準備・食事	準備・食事		
08:00					通勤		
09:00	通勤・朝礼	通勤・朝礼	通勤・朝礼	通勤・朝礼	出張先での検査		
10:00	検査・面接	福祉司との打ち合わせ	子どもの面接	検査・面接	移動		
11:00	事務	事務	事務	事務	事務		
13:00	食事・休憩	食事・休憩	食事・休憩	食事・休憩	食事・休憩		
14:00	事務	事務	福祉司との打ち合わせ	会議	子どもの心理検査		
15:00	子どもの面接	事務	事務	事務			
16:00	事務				事務		
17:00	退勤・帰宅	退勤・帰宅	退勤・帰宅	退勤・帰宅	事務	休日	休日
19:00	食事・入浴	食事・入浴	食事・入浴	食事・入浴	退勤・帰宅		
21:00	余暇・勉強	余暇・勉強	余暇・勉強	余暇・勉強	食事・入浴		
23:00					余暇・勉強		
01:00	睡眠	睡眠	睡眠	睡眠			
03:00					睡眠		

小泉さんのある1週間

月曜日から金曜日までの週5日勤務。規則正しい毎日を送っている。児童相談所の仕事はさまざまな専門家とともにチームを組んで行うため、会議や打ち合わせの時間が多い。

Q 将来のために、今努力していることはありますか？

　心理学に関する資格を取るために勉強したり、研修に参加したりしています。児童心理司の仕事は知識がすべてではありませんが、知識が多いほうがいろいろな見方ができますし、相手の話を受け入れやすくなります。

　社会人1年目に、公認心理師※という国家資格を取りました。今は、臨床発達心理士※という資格を取ることに挑戦するために、勉強しています。

　あとは、新しい知識を身につけたり、参加者どうしで意見を交わしたりする講習会にも参加しています。

検査のために乳児院へ出かける小泉さん。検査に使う道具セットを必ず持っていく。

Q これからどんな仕事をし、どのように暮らしたいですか？

　今は目の前にある仕事をこなすことで精一杯なので、先のことを想像するのは難しいです。ですが、余裕が出てきたら、児童相談所以外の職場で心理職としての経験を積む方法も考えてみたいです。

　心理に関わる資格をもつ人は、さまざまな場所で活躍しています。例えば、病院や診療所では心の問題をかかえる患者さんにカウンセリングや心理検査を行う人がいます。私も最初に興味をもったのはこの分野だったので、機会があれば挑戦してみたいです。

　教育の分野にも、生徒や教師の心のケアを行うスクールカウンセラー、大学や専門学校の学生相談、教育委員会の教育相談室など、さまざまな仕事があります。漠然とですが、心理学に関する知識を使って、子どもを取り巻く環境を広い視野で見ていく仕事ができればよいなと思っています。

「さまざまな背景をもつ子どもたちと関わっていくために、もっともっと勉強したいです」

児童心理司になるには……

　大学で心理学を学んだ後に、各自治体が行う採用試験に合格して児童心理司として働く流れが一般的です。国家資格である公認心理師を取得した人も、採用試験を受けることができます。児童心理司の資格は国家資格ではないものの、心理学の高度な知識が求められるため、大学院の修士課程などで心理学関係の学問を修めてから採用試験に臨む人も多いようです。

```
高校
↓
大学・大学院
↓
自治体による採用試験
↓
児童心理司
```

用語　※ 公認心理師 ⇒ 心の問題をかかえた人に対して、心理学の知識と技術を用いて援助する専門資格。

用語　※ 臨床発達心理士 ⇒ 人の加齢・成長にともなう変化を研究する「発達心理学」にもとづき、健やかな育ちを支援する専門資格。

子どものころ

Q 小学生・中学生のとき、どんな子どもでしたか？

運動は苦手でしたが、水泳だけは人並みにできたので、小学2年生から高校1年生まで続けていました。中学生のときは水泳部の部長もつとめていましたが、いわゆるリーダーシップのあるタイプではありませんでした。でも、先輩と後輩の壁があまりなかったので、みんなから部に対する意見はあがってきやすかったです。それを自分の言葉に置き換えて顧問に伝えることはできていたので、部長の役割は果たせていたかなと思います。

中学生のころは週3回、塾に通っていたので、家での勉強時間は週に3時間ほどでした。部活もいそがしかったので、家では最低限の宿題しかやっていませんでしたね。

将来の夢が決まって大学で心理学の勉強をしていたときは、人生でいちばん机に向かっていました。一日に6時間は勉強していました。

水泳部で大会に出たとき（写真左）。引退時に後輩たちからもらった色紙は宝物（写真右）。

読書好きの小泉さんが、中学生のころに夢中になって読んだ本。今でも大切にしている。

小泉さんの夢ルート

小学校 ▶ 海獣医

海獣が好きで、海獣医のドキュメンタリー番組を観てかっこいいと思った。

▼

中学校 ▶ 薬剤師

調剤薬局で優しくわかりやすく説明してくれた薬剤師さんを見て、あこがれた。

▼

高校 ▶ 心理関係の仕事

数学が苦手で理系に進むことを断念。小説を読んで感動し、心理職を目指した。

▼

大学 ▶ 教育分野の心理職

スクールカウンセラーなど、学校で働く心理職を目指した。

▼

大学院 ▶ 福祉分野の心理職

児童虐待に取り組む先生のもとで勉強した。

Q 子どものころにやっておいてよかったことはありますか？

私は子どものときから読書が好きで、たくさんの本を読みました。ずいぶん、読んできた本の影響を受けてきていると感じます。

動画などもおもしろいのでよく観ますが、今、自分と子どもとの対話を大事にしながら仕事をしていることもあり、文字で書かれたものに、より魅力を感じます。正解のない事柄に対して思いをはせることができる点が、本のいいところだと思います。

児童心理司として仕事をしている今も、専門書や論文を読むなど、勉強をしなければならないことはたくさんあります。本を読む習慣がついていたことは、よかったと思います。

Q 中学のときの職場体験は、どこに行きましたか？

中学3年生のときに保育園へ行きました。職場体験の前に、情報の授業でインターネットを使ったり、図書館で本を借りたりして仕事のことを調べてから行った記憶があります。いくつかの選択肢のなかから保育園を希望しました。

情報を頭に入れてから行ったものの、実際に仕事を体験してみると、現実は全然ちがうなと感じました。

Q 職場体験ではどんな印象をもちましたか？

体験する前は、子どもと遊んだりお世話をしたりするイメージでしたが、実際はお昼寝の時間に子どものつくった作品を整理したり、連絡帳に記入したりと、細やかな仕事がたくさんありました。ほかの仕事をしようとしているときに子どもがぐずるので、計画通りに進めることは難しそうでした。先生方のようすを見ていて、本当に大変なお仕事だなと思いました。

児童心理司になってから、保育士の方といっしょにお仕事をするようになりました。いそがしいなかでも子どものことをよく観察してくださっていて、子どものちょっとした成長も見逃さないところを尊敬しています。

Q この仕事を目指すなら、今、何をすればいいですか？

世の中は正解がないことだらけです。正解がないことを前提に、児童心理司は最適と思える支援を届けるため、子どもの心と対話する仕事です。だから、感受性が豊かな思春期にとくに、自分の心と対話することが大切です。その感情の根源や、自分がどんな人間なのかがわかるようになると、他人に対する関心のもち方や態度が変わると思います。

私は中学時代に考えていたことが今の自分につながっていると実感しています。みなさんの今の経験のひとつひとつが、今後の自分をつくる大事な要素です。だからこそ、毎日のできごとから感じたことにしっかり向き合ってほしいです。

助けてと声をあげられない人にも適切な支援を届けたいです

－ 今できること －

ふだんの暮らし

この仕事では、子どもや保護者に対する思いやりの気持ちが欠かせません。友だちから相談を受けたときは、相手を理解しようとする姿勢が大切です。相手の話をじっくり聞き、事情を丁寧に把握するよう心がけましょう。秘密を守ることを大切にすると同時に、自分ひとりでかかえこみすぎないことも大事です。また子どもの心身の状態を理解するには、心理学の新情報にアンテナを張りながら知識を学び続ける必要があります。部活動や勉強の目標に向かって、努力を続けましょう。

国語 子どもの気持ちを理解し寄りそうために、物語の登場人物の言動の意味について考え、想像力を養いましょう。

社会 基本的人権と個人の尊重について学びましょう。また世界の子どもの人権問題と子どもの権利条約について、理解を深めましょう。社会情勢を知ることも大切です。

保健 身体の発達の仕組みや心の健康に関して学びましょう。思春期特有の悩み・ストレスについても知りましょう。

美術 子どもの心理検査や心のケアに、絵や玩具を使うことがあります。色や形がもたらす印象について学びましょう。また、いろいろな美術作品にふれて、表現されたものを受け入れ感じとる姿勢を養いましょう。

仕事のつながりがわかる
子どもの仕事 関連マップ

ここまで紹介した子どもの仕事が、
それぞれどう関連しているのか、見てみましょう。

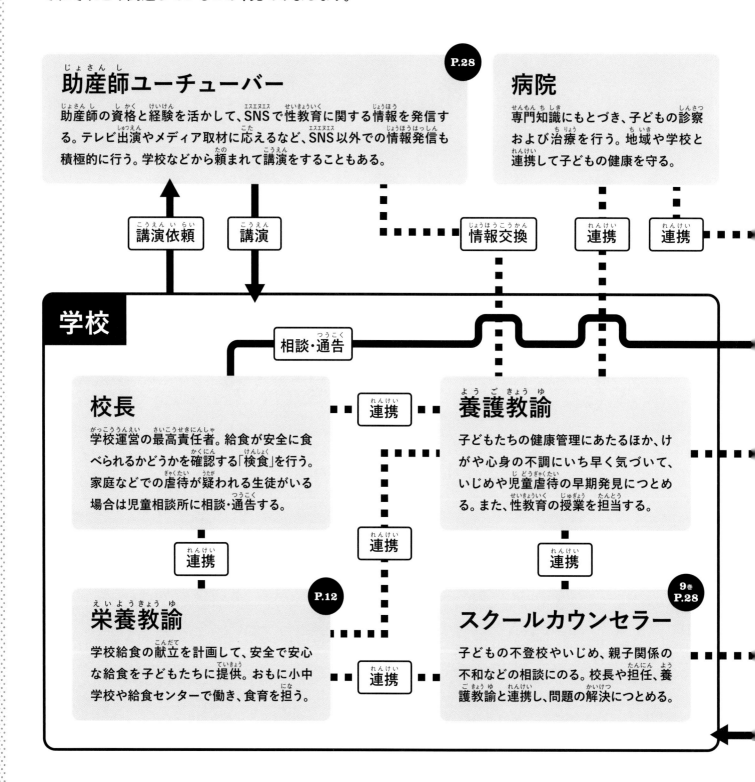

助産師ユーチューバー P.28
助産師の資格と経験を活かして、SNSで性教育に関する情報を発信する。テレビ出演やメディア取材に応えるなど、SNS以外での情報発信も積極的に行う。学校などから頼まれて講演をすることもある。

病院
専門知識にもとづき、子どもの診察および治療を行う。地域や学校と連携して子どもの健康を守る。

講演依頼　講演　情報交換　連携　連携

学校

相談・通告

校長
学校運営の最高責任者。給食が安全に食べられるかどうかを確認する「検食」を行う。家庭などでの虐待が疑われる生徒がいる場合は児童相談所に相談・通告する。

連携

養護教諭
子どもたちの健康管理にあたるほか、けがや心身の不調にいち早く気づいて、いじめや児童虐待の早期発見につとめる。また、性教育の授業を担当する。

連携

連携

栄養教諭 P.12
学校給食の献立を計画して、安全で安心な給食を子どもたちに提供。おもに小中学校や給食センターで働き、食育を担う。

連携

スクールカウンセラー 9巻 P.28
子どもの不登校やいじめ、親子関係の不和などの相談にのる。校長や担任、養護教諭と連携し、問題の解決につとめる。

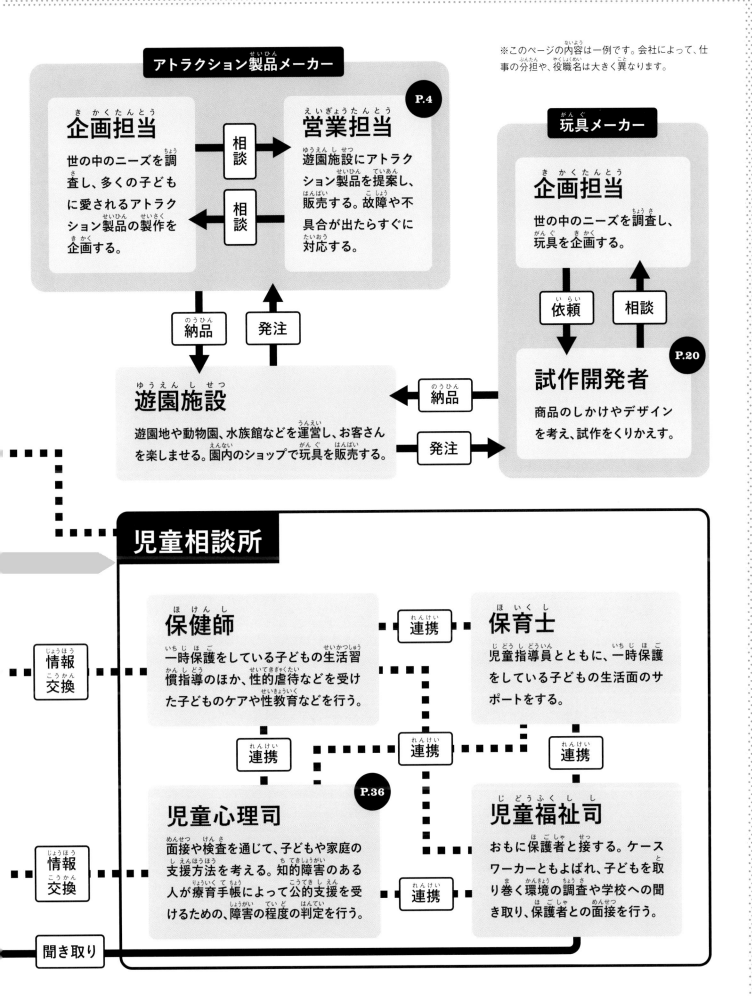

アトラクション製品メーカー

※このページの内容は一例です。会社によって、仕事の分担や、役職名は大きく異なります。

企画担当
世の中のニーズを調査し、多くの子どもに愛されるアトラクション製品の製作を企画する。

相談 →
← 相談

営業担当
P.4
遊園施設にアトラクション製品を提案し、販売する。故障や不具合が出たらすぐに対応する。

納品 ↓
↑ 発注

遊園施設
遊園地や動物園、水族館などを運営し、お客さんを楽しませる。園内のショップで玩具を販売する。

発注 →
← 納品

玩具メーカー

企画担当
世の中のニーズを調査し、玩具を企画する。

依頼 ↓
↑ 相談

試作開発者
P.20
商品のしかけやデザインを考え、試作をくりかえす。

児童相談所

保健師
一時保護をしている子どもの生活習慣指導のほか、性的虐待などを受けた子どものケアや性教育などを行う。

連携

保育士
児童指導員とともに、一時保護をしている子どもの生活面のサポートをする。

連携　連携　連携

情報交換

児童心理司
P.36
面接や検査を通じて、子どもや家庭の支援方法を考える。知的障害のある人が療育手帳によって公的支援を受けるための、障害の程度の判定を行う。

連携

児童福祉司
おもに保護者と接する。ケースワーカーともよばれ、子どもを取り巻く環境の調査や学校への聞き取り、保護者との面接を行う。

情報交換

聞き取り

超少子化時代に求められる子どもの仕事

▶ 教員だけではない、子どもの専門家

経済協力開発機構（OECD）が発表する国際調査によると、日本の小中学校の教師は世界一労働時間が長いことで知られています。ひとりの教師にかかる負担が大きいと、いじめや不登校などの問題が見過ごされる危険性が高まるため、長年問題視されています。

一方で、以前は教師ひとりですべてを対応していた学校内の問題は、スクールカウンセラーやスクールソーシャルワーカー、養護教諭、栄養教諭などの専門家とチームを組み、組織的に解決を目指すことが一般的になっています。背景には、子どもを取り巻く環境の複雑化と深刻化があります。

少子化や核家族化にともなう人間関係の狭小化、家と学校以外に逃げこめる居場所の減少、そして激しい社会情勢の変化がまねく貧困・虐待・孤立の増加。こうした事態に直面する子どもの変調のサインを見逃さず、早期発見・早期解決につなげるために、学校では特定の知識や技術をもつ専門家が求められているのです。

また各地で、家庭でも学校でもない第3の居場所「サードプレイス」をつくるための取り組みが進められています。その代表例がフリースクールです。おもに不登校の子どもや障がいのある子どもを受け入れる民間の施設で、学習活動、教育相談、体験活動などを行います。このように、教育現場では教師以外にもさまざまな仕事が誕生しています。

▶ 教育現場でつちかったキャリアを活かす

大学の教育学部の学生の間でも、教師以外に多くの道があるという認識は広まっていて、入学時点での教師志望者が半数以下の大学もあります。これは残念なことにとらえられがちですが、逆に言えばそれだけ教育に関わる仕事が多様化しているということです。最初からフリースクールの先生や、塾の経営者を志す学生もめずらしくありません。教師を辞めてほかの仕事に転職する人も増えています。

子どもの幸福度ランキング

総合順位	国	精神的幸福度	身体的健康	スキル
1	オランダ	1	9	3
2	デンマーク	5	4	7
3	ノルウェー	11	8	1
4	スイス	13	3	12
5	フィンランド	12	6	9
6	スペイン	3	23	4

総合順位	国	精神的幸福度	身体的健康	スキル
7	フランス	7	18	5
8	ベルギー	17	7	8
9	スロベニア	23	11	2
10	スウェーデン	22	5	14
…				
20	日本	37	1	27

ユニセフ・イノチェンティ研究所（2020）「イノチェンティ レポートカード16」をもとに作成

ユニセフ（国連児童基金）の調査によると、日本の子どもの幸福度は38か国中20位。幸福度を測る3分野のうち、「身体的健康」で1位だったものの、「精神的幸福度」は37位、「スキル」は27位と大きなばらつきが見られた。

小学3年生から中学3年生を対象にした、オンラインの学びの場「SOZOW PARK」の一例。バーチャルの学校として、オンライン上での授業や講師とのやりとりなどのさまざまな体験を学びにつなげる。このようなオンライン上の空間も、サードプレイスとして期待されている。

私の若いころは「生涯教師」であることが当たり前でしたが、今は、自分に合わないと感じたら別の道を選択する人も増えてきました。しかも、まったく別の仕事をするのではなく、教育ソフトを開発する会社や教育系の出版社で働くなど、それまでのキャリアを活かして子どもに関わる仕事を続けることも可能になっています。また教育界にとどまらず、子どものための仕事は、子ども向け商品の開発や遊園施設の運営など、あらゆる業界に開かれています。

▶ 子どもの主体性を育てるために

超少子化の時代、少ない子どもを大切に育てようと意識すると、子どもに対する過保護や過干渉が生まれる傾向にあります。しかし、どんなに立派な親や教師も、いつかはその子からはなれることを忘れてはいけません。大切なのは、自主的に学ぶ力や、問題が起こったときに自ら動ける主体性を育てること。この本には栄養教諭が登場しますが、例えば、栄養価の計算はコンピューターがあれば十分です。栄養教諭には子ども自身が食生活をふりかえりながら心を育む「食育」が求められています。この先生が行っている、食品添加物のよい点とよくない点を考える授業では、真剣に取り組む子どもたちのまなざしが印象的です。

キャリア教育の観点では、子どもの成長を支えるための仕事はますます広がるでしょう。この本に登場する助産師ユーチューバーは「自分の体をどうあつかうか、決定権をもっているのは本人だけです。本人の意志を無視して私が決めてよいことでは決してありません」と語っています。性に関する正しい知識を得ることで、自分を大切にし、自主性を発揮する生き方を子どもたちに期待しています。

動画サイトでは良質な学びのコンテンツが充実していますし、フリースクールをはじめとするサードプレイスの需要はますます高まるでしょう。子どもがもつ可能性を広げるため、これからの時代は学校以外の「学びの場」をいかに魅力的に創造できるかが問われているといえそうです。

PROFILE
玉置 崇

岐阜聖徳学園大学教育学部教授。
愛知県小牧市の小学校を皮切りに、愛知教育大学附属名古屋中学校や小牧市立小牧中学校管理職、愛知県教育委員会海部教育事務所所長、小牧中学校校長などを経て、2015年4月から現職。数学の授業名人として知られる一方、ICT活用の分野でも手腕を発揮し、小牧市の情報環境を整備するとともに、教育システムの開発にも関わる。
文部科学省「校務におけるICT活用促進事業」事業検討委員会座長をつとめる。

さくいん

【取材協力】
泉陽興業株式会社　http://www.senyo.co.jp/
武蔵村山市立小中一貫校大南学園第七小学校　https://www.city.musashimurayama.lg.jp/school/mmced7sc/index.html
株式会社タカラトミー　https://www.takaratomy.co.jp/
シオリーヌ　https://www.youtube.com/channel/UC4bwpeycg4Nr2wcrV9yC8LQ
横浜市こども青少年局中央児童相談所　https://www.city.yokohama.lg.jp/kurashi/kosodate-kyoiku/oyakokenko/sodanjo/

【写真協力】
泉陽興業株式会社　p5
シオリーヌ　p29
SOZOW株式会社　p47

【解説】
玉置 崇（岐阜聖徳学園大学教育学部教授）　p46-47

【装丁・本文デザイン】
アートディレクション／尾原史和（BOOTLEG）
デザイン／藤巻 妃・角田晴彦・加藤 玲・石井恵里菜（BOOTLEG）

【撮影】
平井伸造

【執筆】
山本美佳　p4-11
鬼塚夏海　p12-19
安部優薫　p20-27
和田全代　p28-35
酒井理恵　p36-47

【イラスト】
フジサワミカ

【企画・編集】
佐藤美由紀・渡部のり子（小峰書店）
常松心平・鬼塚夏海（303BOOKS）

キャリア教育に活きる!
仕事ファイル41
子どもの仕事

2023年4月6日　第1刷発行

編　著　小峰書店編集部
発行者　小峰広一郎
発行所　株式会社小峰書店
　　　　〒162-0066東京都新宿区市谷台町4-15
　　　　TEL 03-3357-3521　FAX 03-3357-1027
　　　　https://www.komineshoten.co.jp/
印　刷　株式会社精興社
製　本　株式会社松岳社

©Komineshoten
2023 Printed in Japan
NDC 366 48p 29×23cm
ISBN978-4-338-35904-7

キャリア教育に活きる！
仕事ファイル

センパイに聞く